Don't Eat the Marshmallow… Yet!

꿈을 찾아 떠나는

어린이
마시멜로
이야기

◦ 1, 2권 통합본 ◦

The Fairy Tale of Don't eat the Marshmallow yet! & Don't gobble the Marshmallow ever!

Copyrights @ 2008 by Joachim de Posada
All rights reserved

Korean Language title published by arrangement with Joachim de Posada and
Dystel & Goderich Literary Management, NY

Translation copyright @ 2008 by the Korea Economic Daily & Business Publication Inc.

꿈을 찾아 떠나는
어린이 마시멜로 이야기 〈1, 2권 통합본〉

제1판 1쇄 발행 | 2008년 7월 20일
제1판 49쇄 발행 | 2025년 8월 13일

원작 | 호아킴 데 포사다
엮음 | 주경희
그림 | 이동승
펴낸이 | 하영춘
펴낸곳 | 한국경제신문 한경BP
출판본부장 | 이선정
편집주간 | 김동욱

주소 | 서울특별시 중구 청파로 463
기획편집부 | 02-360-4556, 4584
홍보마케팅부 | 02-360-4595, 4562   FAX | 02-360-4837
H | http://bp.hankyung.com   E | bp@hankyung.com
F | www.facebook.com/hankyungbp
등록 | 제 2-315(1967. 5. 15)

ISBN 978-89-475-2676-0   73810

책값은 뒤표지에 있습니다.
잘못 만들어진 책은 구입처에서 바꿔드립니다.

꿈을 찾아 떠나는

어린이
마시멜로
이야기

○ 1, 2권 통합본 ○

호아킴 데 포사다 원작 | 주경희 엮음 | 이동승 그림

한국경제신문

추천사

당장 눈앞에 보이는 어려움을 참고 견뎌 낸다면
언젠가는 더 큰 만족을 얻을 수 있다!

친애하는 한국 어린이 친구들, 이 책을 보고 있다면 아마도 여러분의 부모님이 〈마시멜로 이야기〉 시리즈를 읽으셨을 거예요. 그분들 덕분에 〈마시멜로 이야기〉는 베스트셀러가 되었고, 이렇게 여러분이 재미있게 읽을 수 있도록 원작의 이야기를 각색하여 1·2권 통합본인 어린이 동화책으로 출간하게 되었답니다.

분명 여러분의 부모님은 〈마시멜로 이야기〉의 내용과 교훈이 훌륭해서 어린이 동화라는 색다른 모습으로 여러분께 다가가면 좋겠다고 생각하신 거예요. 이 기회를 통해 어린이 여러분과도 만날 수 있다는 것을 큰 행운으로 생각합니다.

여러분은 꿈을 갖는다는 것이 얼마나 아름다운 일인지 생각해 본 적이 있을 것입니다.

〈마시멜로 이야기〉에서 제시하는 꿈을 갖는 방법은 아주 특별하거나 기상천외한 것들이 아닙니다. 우리 어린이 친구들도 충분히 실천할 수 있는 실현 가능한 일들입니다.

사실 저는 어린이를 위한 마시멜로 이야기를 읽으면서 참으로 행복한 시간을 보냈습니다. 동화에 담긴 내용은 한마디로 어린이들에게 꿈과 용기를 주는 따뜻한 이야기였으니까요.

꿈을 실현하기 위해 주인공 에릭을 통해 어떻게 꿈꾸고, 배우고, 실천해야 하는지 동화는 아주 친절하게 이야기해 주고 있습니다.

마시멜로 실험은 당장 눈앞에 보이는 어려움을 참고 견뎌 낸다면 언젠가는 더 큰 만족을 얻을 수 있다는 값진 교훈을 일깨워 줍니다.

이 책을 통해 여러분 모두가 최고의 인생을 만들어 나가기를 진심으로 소망합니다.

원작자 호아킴 데 포사다

chapter 마시멜로 첫 번째 이야기

◉ 첫 번째 마시멜로 _10
아름답고 달콤한 **유혹**의 마시멜로

◉ 두 번째 마시멜로 _30
마음을 열게 하는 **감동**의 마시멜로

◉ 세 번째 마시멜로 _48
인내와 절제가 주는 **행복**의 마시멜로

◉ 네 번째 마시멜로 _64
백만장자가 되는 **근검절약**의 마시멜로

chapter 2 마시멜로 두 번째 이야기

- ⊙ 다섯 번째 마시멜로 _84

  변화에서 오는 **위기**의 마시멜로

- ⊙ 여섯 번째 마시멜로 _100

  퀴즈로 풀어 가는 **꿈**의 마시멜로

- ⊙ 일곱 번째 마시멜로 _120

  두려움에 맞서는 **용기**의 마시멜로

- ⊙ 여덟 번째 마시멜로 _134

  서로 배우고 채워 가는 **우정**의 마시멜로

- ⊙ 아홉 번째 마시멜로 _154

  절망의 끝에 매달려 있는 **희망**의 마시멜로

- ⊙ 열 번째 마시멜로 _164

  행복으로 이끄는 **성공**의 마시멜로

당장 눈앞에 보이는 유혹을 참고
견뎌 낸다면 언젠가는 더 큰 만족과
보상을 얻을 수 있다.
이것이 바로 '마시멜로 법칙'이다.

chapter

마시멜로
첫 번째 이야기

첫 번째 마시멜로

아름답고 달콤한 유혹의 마시멜로

○

햇살 아래서 춤추는 요정들을 만날 수 있을 것 같은 따사로운 봄날의 오후였습니다. 햇살이 눈부시게 아름다운 파란 하늘이 끝도 없이 펼쳐졌지요.

열한 살 된 안경을 쓴 에릭은 학교 수업이 끝나자마자 운동장을 내달려 큰길로 나왔습니다.

친구들이 운동장에서 한창 신나게 야구를 하고 있었지만, 에릭의 머릿속에는 아침 등굣길에 보았던 이웃집 대문 앞에 붙어 있던 광고 글귀가 떠나질 않았던 것이에요.

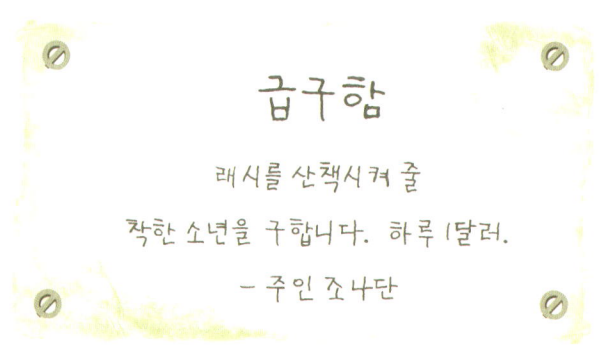

에릭은 우뚝 솟아 있는 웅장한 저택 앞에서 멈춰 섰어요. 얼마나 힘차게 뛰었는지 다닥다닥 주근깨가 나 있는 콧잔등과 이마에 땀이 송골송골 맺혔고 두 볼은 우체통처럼 새빨개졌어요.

에릭은 거친 숨을 토해 냈어요. 가슴이 콩닥콩닥 뛰었습니다. 그러나 먼저 대문에 붙어 있는 광고 종이를 떼어 내서 손에 꼭 쥐었어요. 그리고 잠깐 동안 머뭇거리다 조심스레 벨을 누르고 용건과 이름을 말했습니다. 그러자 철커덕 요란스러운 소리를 내며 문이 열렸어요.

에릭이 대문 안으로 들어서자 흰 털이 보송보송한 개 한 마리가 사납게 짖으며 달려들었어요. 그러고는 에릭을 정원 잔디밭에 쓰러뜨린 뒤 얼굴을 온통 핥아 댔습니다. 결국 어느 아주머니가 달려 나와 에릭에게서 개를 떼어 놓았지요.

"무서워하지 마라. 그냥 놀자고 그러는 거란다."

에릭이 소리 나는 쪽을 바라보았을 때, 그곳에는 머리가 하얗게 센 할아버지가 휠체어에 앉아 있었습니다.

"저 개가 저를 잡아먹으려고 하지 뭐예요. 흑흑!"

울상이 된 에릭은 인사를 할 겨를도 없이 두려움에 벌벌 떨고

있었습니다.

"해치려는 게 아니야. 절대로 사람을 물지 않는단다. 근데 우리 래시가 왜 널 잡아먹고 싶어 한다고 생각한 거니?"

"왜냐하면 아까 제 맛을 보았거든요."

"뭐야? 하하하!"

할아버지는 유쾌하게 웃으셨어요. 그러고는 손에 하얀 종이를 든 에릭을 바라보며 인자한 표정으로 악수를 청하셨지요.

"안녕하세요? 저는 에릭이라고 하는데 소년을 구한다고 해서 왔습니다."

"잘 왔다. 에릭, 반갑구나."

할아버지가 바로 래시의 주인 조나단이었습니다. 조나단은 오른쪽 발목에 붕대를 칭칭 감고 있었어요. 며칠 전 지붕에 페인트칠을 하다가 사다리에서 떨어지는 바람에 그만 발목이 부러졌다고 했습니다.

"광고를 보아서 알겠지만 아픈 나 대신 하루에 한 번 래시를 산책시켜 주는 일이란다. 그러면 너에게 수고비를 주마. 어때, 할 수 있겠니?"

조나단은 에릭의 눈을 물끄러미 쳐다보며 물었습니다.

"그럼요. 할 수 있고말고요."

에릭은 개 때문에 벌벌 떨던 일을 벌써 잊은 듯 얼굴에 웃음이 가득했어요. 냄비 뚜껑 사이로 물이 끓어넘치듯 자꾸만 웃음이 터져 나왔습니다. 세상에 태어나 처음으로 돈을 벌 수 있는 기회다 보니 너무너무 좋았던 것이에요. 비록 공부 시간에 딴생각을 많이 하고, 콧물이 묻은 소매는 반들반들하고, 뒤춤에는 언제나 셔츠가 삐죽 나와 아이들이 촌뜨기라고 놀려도 래시를 산책시키는 일만큼은 잘할 수 있을 것 같았습니다.

"에릭, 이리 와서 나를 좀 도와주겠니? 저쪽으로 날 데려다 주면 좋겠구나."

조나단의 부탁에 에릭은 조심조심 휠체어를 밀고 응접실로 들어갔습니다.

조나단의 집은 정원도 넓고 거실은 마치 운동장 같았어요. 아늑하고 깔끔한 응접실은 물건들이 제자리에 가지런히 놓여 있었습니다. 순간 에릭은 자신의 방이 떠올랐어요. 에릭의 방은 발 디딜 틈이 없을 만큼 양말은 벗어 놓은 채로, 옷은 제멋대로 옷걸이에

걸려 있었지요. 때때로 휘파람을 불기도 하고 기지개를 켜며 하품을 하거나 콧노래를 부르기도 하는 에릭을 닮아 방은 늘 어지럽게 널려 있었거든요.

에릭은 조나단이 휠체어에서 내려 소파에 앉을 수 있도록 부축해 주었습니다.

"에릭, 너 마시멜로 좋아하니?"

"네. 말랑말랑하고 달콤해서 무척 좋아해요."

에릭은 침을 꿀꺽 삼켰습니다.

조나단은 자기 앞에 앉아 있는 열한 살 난 소년을 따뜻한 눈빛으로 바라보았어요. 에릭을 바라보는 조나단의 눈동자에는 사랑이 가득 담겨 있었지요.

조나단은 소파 등받이에 등을 깊숙이 파묻고 편안한 자세로 고쳐 앉았습니다.

"여기 마시멜로가 있는데 하나 먹을래?"

"아니에요."

"이것을 먹지 않고 내일 그대로 가지고 올 수 있겠니? 그러면 내일은 두 개를 주마."

"네?"

에릭은 조나단 할아버지의 말을 통 이해할 수 없었습니다.

"그럼 내일부터 래시를 산책시키기로 하고 그때 보자꾸나."

"아, 네……. 안녕히 계세요."

그날 밤, 에릭은 눈을 부릅뜬 채 침대에 앉아 책상 위에 놓인 조나단 할아버지가 준 마시멜로 봉지를 뚫어져라 쳐다보고 있었어요. 마치 마시멜로하고 눈싸움이라도 하는 것 같았어요. 에릭은 당장이라도 포장을 뜯고 마시멜로를 먹고 싶었어요. 안절부절못하여 발을 동동 굴렀어요. 하지만 에릭은 마시멜로를 먹고 싶은 마음을 애써 참으며 나지막하게 중얼거렸습니다.

"지금 먹지 않고 참으면 내일 두 개를 먹을 수 있어. 그리고 할아버지와의 첫 약속인걸."

갑자기 예전과 달라지고 싶은 날이 있어요. 어제까지는 무릎이 불쑥 나온 3일쯤 입은 늘어진 청바지에 마구 헝클어진 머리를 휘날리며 다녔다고 해도, 오늘부터는 하늘하늘한 줄무늬 티셔츠에 단정한 머리를 하고 방긋방긋 미소 짓고 싶을 때가 있지요. 에릭에게 오늘이 바로 그런 날이었습니다. 아르바이트를 시작하는 오늘부터 뭔가 달라져야 한다는 의무감에 사로잡혀 바쁜 엄마를 프라이팬 위에 놓인 프랑크 소시지처럼 달달 볶아쳤어요.

"엄마! 이 옷보다 깨끗하고 예쁜 옷 없어요? 휴, 기가 막혀! 나팔바지라니 바보 천치가 아니고선 누가 이런 청바지를 입는담. 엄마! 새 옷 좀 사 주세요."

잠시 후, 엄마는 빽 고함 소리를 지르며 한 마디 했습니다.

"에릭! 지금 엄마도 바쁘단 말이야."

아침부터 마음이 뒤숭숭한 에릭은 학교 수업을 어영부영 흘려보내고 우당탕 청소를 해치운 뒤 종례 시간이 끝나자마자 조나단 할아버지 집으로 달려갔습니다.

조나단은 래시의 목줄을 에릭에게 넘겨주었어요. 유난히 하얀 털이 복슬복슬한 래시는 에릭이 목덜미를 쓰다듬어 주자 이내 기분이 좋은 듯 꼬리를 흔들었지요.

에릭은 래시와 함께 공원으로 나왔어요. 그때 공원의 한 가게에서 햄버거 굽는 냄새가 살랑살랑 봄바람에 실려 왔어요. 맛있는 냄새에 에릭은 코를 킁킁거렸어요. 문득 책가방 속에 들어 있는 마시멜로가 생각났습니다.

'하나쯤 먹는다고 할아버지가 뭐라고 하시지 않겠지?'

'아니야! 어젯밤에도 꾹 참았는걸. 그대로 가져가면 오늘 두 개 주신다고 했잖아.'

에릭은 책가방에 든 마시멜로를 다시 떠올렸어요. 먹고 싶은 생각에 침을 꿀꺽 삼켰어요. 그때 얌전히 있던 래시가 갑자기 뛰기 시작했습니다.

"래시, 기다려. 래시!"

에릭은 래시의 목줄을 잡고서 얼떨결에 허겁지겁 따라 뛰었어요. 신나게 달리던 래시가 갑자기 멈춰 서더니 앞발을 들어 허공을 향해 마구 휘저었습니다.

노랑나비 한 마리가 래시 눈앞에서 팔랑팔랑 어지럽게 날고 있었던 것이에요.

나비가 멀리 날아가 버리자 래시는 꼬리를 축 늘어뜨린 채 느릿느릿 걸었어요.

"래시! 나비랑 친구하고 싶었구나. 이제 내가 네 친구가 되어 줄게. 우리 여기 앉자."

래시는 에릭의 말을 알아듣기라도 한 듯 잔디밭에 앉아 에릭의 무릎 위에 배를 척 깔고 엎드려 기분이 좋은지 꼬리를 살래살래 흔들어 댔습니다.

햇볕 속에 눈을 감고 상상의 세계를 꿈꾸길 좋아하는 에릭의 버릇처럼, 오늘도 에릭이 눈을 지그시 감으니 눈앞으로 춤추는 요정들이 뱅글뱅글 원을 그리며 돌아다녔어요. 다시 눈에 힘을 주자 두 눈 가득 형형색색의 아름다운 꽃잎이 활짝 피어났습니다.

래시와 산책을 끝내고 돌아오니 거실에서 조나단이 에릭을 기다리고 있었습니다.

"할아버지! 어제 주셨던 마시멜로 다시 가져왔어요."

조나단은 나팔꽃처럼 환한 웃음을 지으며 말했습니다.

"에릭, 어떻게 먹고 싶은 걸 참았지?"

"할아버지가 오늘 두 개 주신다고 해서 참을 수 있었어요."
"시간이 괜찮다면 잠시 여기 와서 앉지 않겠니?"
에릭은 잠깐 동안 머뭇거리다 조나단의 맞은편 소파에 앉았습니다. 사실 지금 에릭은 곧장 집으로 돌아가 밀린 숙제를 해야만 했어요. 더군다나 내일은 학교에서 쪽지 시험을 치르는 날이거든

요. 그러나 에릭은 공부하는 것을 그다지 좋아하지 않았어요. 숙제마저도 하는 날보다 안 하는 날이 훨씬 더 많았지요.

"나도 예전에 두 개가 욕심나서 달콤한 마시멜로를 먹지 않고 참은 적이 있단다. 이것이 바로 '마시멜로 법칙'이란다."

"마시멜로 법칙이요?"

조나단은 자기 앞에 앉아 있는 어린 소년을 따뜻한 눈빛으로 바라보았어요. 에릭을 바라보는 조나단의 눈동자에는 그윽하면서도 겉으로 드러나지 않은 애정이 가득 담겨 있었어요. 조나단은 소파 등받이에 등을 깊숙이 파묻고 편안한 자세로 앉았어요. 그리고 이야기를 시작했습니다.

"그러니까 아마 내가 네 살 무렵이었지. 당시 내 아버지는 스탠포드 대학원에서 석사 과정을 밟고 계셨어. 그리고 아버지를 지도하셨던 교수님은 '만족함 미루기'라는 실험에 대상으로 삼을 만한 아이들을 찾고 있었지. 그래서 나는 자연스레 그 실험에 참가하게 됐단다."

에릭이 동그란 눈을 깜빡이며 물었어요. 에릭은 호기심이 많은 소년이었거든요.

"어떤 실험이었는데요?"

"내가 너에게 한 실험과 같은 방법이란다. 그 실험은 내 또래 아이들 수백 명을 한 명씩 각각 다른 방에 홀로 두는 것으로 시작됐어. 나는 탁자가 놓인 방에 혼자 앉아 있었지. 잠시 후에 한 아가씨가 문을 열고 들어오더니 큼지막한 마시멜로 한 개를 탁자 위에 내려놓더구나. 그러고는 15분 뒤에 돌아올 테니 마시멜로를 먹고 싶으면 먹어도 되고, 만약 먹지 않는다면 상으로 마시멜로를 한 개 더 주겠다는 거야."

"그래서 할아버지도 꾹 참으셨어요?"

조나단은 대답 대신에 이야기를 계속해 나갔습니다.

"나는 15분 동안 기다렸다가 나중에 두 개를 먹겠다고 결심했지. 그러나 주위에 내가 마시멜로를 먹는 것을 말리는 사람이 아무도 없었어. 마시멜로의 달콤한 냄새가 코끝에서 맴돌더구나. 마시멜로가 얼마나 먹고 싶던지 그 유혹을 참아 내는 것이 결코 쉽지 않았지."

"어젯밤에 저도 그랬어요."

"하하, 그랬니? 난 먹고 싶은 마음을 없애려고 노래를 부르며 방 안을 이리저리 뛰어다녔어. 그러다가 마시멜로를 등지고 앉아 눈을 감은 채 하나, 둘, 셋 끝도 없이 숫자를 헤아렸지. 그런 식으로 마시멜로를 먹지 않으려고 안간힘을 썼단다. 마침내 길고도 긴 15분이 지나자 그 아가씨가 문을 열고 들어오더구나."

"약속한 대로 마시멜로를 하나 더 주었나요?"

"물론이지. 내 평생에 가장 달콤하고 맛있는 추억으로 남은 두 개의 마시멜로였단다."

조나단이 빙그레 웃으며 대답했어요. 그제야 흥분이 가라앉은 에릭은 가볍게 한숨을 내쉬었어요. 그러더니 고개를 갸웃거리며 의아한 표정으로 물었습니다.

"할아버지, 무엇 때문에 그런 실험을 했던 거예요?"

"실험의 목적에 대해서는 누구도 알지 못했단다. 십여 년의 세월이 흐른 어느 날, 연구원들이 실험에 참가했던 어린이들을 다시 불러 모았어. 당시 600명 정도의 어린이들이 실험에 참가했는데, 십여 년 뒤 연구원들이 찾아낸 어린이들은 200여 명에 불과했지. 어쨌든 연구원들은 아이들의 부모에게 설문지를 보내 자녀의 재능과 장점에 대해 평가해 달라고 했어. 그리고 부모들로부터 설문지를 돌려받은 연구원들이 마침내 흥미로운 연구 결과를 발표했지."

조나단은 잠시 말을 멈추고 에릭을 흘낏 바라보았어요. 에릭은 꼼짝도 안 하고 눈동자를 반짝이며 조나단의 입만 쳐다보고 있었습니다.

"연구원들은 15분을 참고 기다려 마시멜로를 한 개 더 받은 아이들과 15분을 참지 못하고 마시멜로를 먹어 치운 아이들의 10년 동안의 성장 과정을 비교해서 결과를 발표했단다. 그런데 결과는 정말로 놀라웠어. 15분을 참았던 아이들이 그렇지 못한 아이들보다 학업 성적이 훨씬 뛰어났던 거야. 또한 친구들과의 관계도 훨씬 더 원만했지. 겨우 15분이었지만 그 시간을 참고 견딘 아이들이 그렇지 못한 아이들보다 성공적으로 성장하고 있었던 거야. 이 실험은 많은 사람들에게 귀중한 교훈을 주었어. 당장 눈앞에 보이는 유혹을 참고 견뎌 낸다면 언젠가는 더 큰 만족과 보상을 얻을 수 있단다. 내가 먹지 않고 참아 낸 마시멜로는 단순한 마시멜로가 아닌 눈앞에 던져진 한순간의 유혹이었던 셈이지."

에릭은 자신이 어젯밤 마시멜로를 먹지 않은 게 얼마나 다행인지 모른다는 생각에 스스로가 대견스럽기까지 했어요.

"에릭! 이제 마시멜로를 먹어도 된단다."

"감사합니다. 근데 저도 할아버지처럼 성공할 수 있을까요?"

"물론 성공할 수 있지. 그러려면 하루하루 새로 배우는 것들을 잘 기억하도록 하렴. 그리고 그것들을 이 할아버지에게도 말해 다오. 고대 문명이나 꽃 이야기, 또는 곱셈이나 그 밖의 어떤 이야기들도 모두 괜찮단다. 틀림없이 배우는 것이 있을 거야."

"네, 꼭 그렇게 할게요."

에릭은 참았다가 먹어서 그런지 부활절에 엄마가 사 주었던 마시멜로보다 조나단 할아버지에게서 받은 마시멜로가 훨씬 달콤하고 맛있었습니다. 에릭은 조나단이 선물로 준 마시멜로 한 봉지를 책가방에 넣었습니다.

그날 밤, 에릭은 그동안의 자신을 돌이켜 보았어요. 그리고 일기장에 마시멜로 유혹처럼 참아야 할 것들이 무엇인지 적기 시작했습니다.

 에릭의 마시멜로 일기장

조나단 할아버지의 이야기를 듣고 생각해 보니 난 그동안 오직 어떻게 하면 재미있게 놀 수 있을까 하는 생각뿐이었다.

마시멜로 유혹에서 참아야 할 것들!!!

*군것질 안 하기
*만화영화 보는 대신 숙제하기
*게임 안 하기
*옷 제자리에 걸기
*친구들과 싸우지 않기

당장 눈앞에 보이는 유혹을 참고 견뎌 낸다면 언젠가는 더 큰 만족과 보상을 얻을 수 있다. 이것이 바로 '마시멜로 법칙'이다.

두 번째 마시멜로

마음을 열게 하는
감동의 마시멜로

싸움의 시작은 순전히 제닝스의 딱정벌레 장난감 때문이었습니다. 제닝스가 잠시 화장실에 가느라 자리를 비운 사이, 에릭은 불빛이 반짝이는 딱정벌레 장난감이 너무나 신기해서 만져 보다가 그만 땅에 떨어뜨리고 말았던 것이에요.

"촌뜨기! 누가 너보고 내 장난감을 만지라고 했어? 아니, 이거 고장 났잖아?"

에릭은 촌뜨기라는 말도 화가 났지만 순간 눈앞이 캄캄해졌어요. 이 일을 어떻게 해야 할지 생각할 겨를조차 없었지요.

"네가 떨어뜨렸지?"

"아, 아니야. 안 떨어뜨렸다니까!"

에릭은 새빨개진 얼굴로 어깨를 움츠리며 말했습니다.

"에릭이 만지는 걸 내가 두 눈으로 똑똑히 봤어. 에릭이 지금 거짓말을 하는 거야."

교실 여기저기서 아이들의 비웃는 소리가 빗발치자 에릭은 벌

컥 화가 치밀어 올랐어요. 순식간에 제닝스와 에릭의 싸움이 벌어졌습니다.

"넌 거짓말쟁이야. 아빠도 없는 주제에!"

"뭐야! 너 방금 뭐라고 그랬어?"

"사실을 말했을 뿐인데 왜 떪어? 넌 딱정벌레 장난감을 사 줄 아빠도 없잖아?"

제닝스의 말에 화가 난 에릭은 입술을 파르르 떨며 더욱 세게 제닝스를 밀쳐 버렸습니다. 두 사람은 뒤엉킨 채로 서로 치고받기 시작했지요. 엄마랑 단둘이 사는 가난한 에릭을 한두 번쯤 놀려 먹지 않은 아이들이 거의 없었지만, 제닝스는 그중에서도 특히 에릭을 못살게 굴었습니다.

"비록 아빠는 없지만 나에게 장난감을 사 주실 할아버지가 계신다고! 부자 할아버지 말이야."

그때 마침 수업 시작종이 울렸어요. 하지만 싸움은 그치지 않았습니다.

교실 문이 열리고 선생님이 들어왔는데도 에릭과 제닝스는 전혀 알지 못했어요.

아이들이 와! 하고 소리를 지르고 있었기 때문이지요.

선생님이 책으로 교탁을 탕탕 내리치는 바람에 왁자하던 아이들의 소리가 어느새 조용해졌어요.

"대체 무슨 일이야?"

그제야 한데 엉켜 붙어 있던 에릭과 제닝스가 떨어졌습니다.

선생님은 무서운 눈초리로 바라보며 말했어요.

"두 사람 앞에 나와서 손들고 서 있어."

"선생님! 에릭이 제 장난감을 고장 내고는 안 만졌다고 거짓말을 하지 뭐예요."

제닝스의 말에 에릭은 당황스런 표정을 지었습니다.

"선생님! 전 정말 안 그랬어요."

"시끄럽다. 두 사람 다 뒤로 가거라."

선생님은 제닝스와 에릭을 교실 구석에 있는 칸막이 뒤로 데리고 갔어요. 그러고는 반성문을 쓰라고 하면서 하얀 종이를 내밀었어요.

"수업이 끝날 때에 내도록 해라."

제닝스는 에릭이 쓰고 있는 종이를 힐끔힐끔 훔쳐보았습니다.

자기가 써야 할 반성문보다 에릭이 쓰는 반성문에 더 관심이 많은 듯했어요.

"보지 마!"

에릭이 쏘아붙이자 제닝스는 으르렁거렸습니다. 제닝스의 눈은 세모꼴로 꼬부라졌어요. 그러고는 에릭을 못마땅한 눈빛으로 노려봤습니다.

사회 수업이 끝나자 에릭과 제닝스는 반성문을 선생님께 제출하고 자기 자리로 돌아갔어요. 아이들은 호기심이 가득한 표정으로 제닝스와 에릭을 쳐다보았지요.

선생님은 다시는 싸우지 말라고 단단히 타이른 후 두 사람을 용서해 주었습니다.

쉬는 시간이 되자 아이들은 무리 지어 운동장에서 뛰어놀았습니다. 하지만 에릭은 놀고 싶은 마음이 들지 않았어요. 에릭은 운동장 한쪽에 놓여 있는 벤치에 앉았어요. 갑자기 자기가 고향을 떠나 전학 온 사실이 더없이 불행하게 느껴졌습니다. 사실 에릭이 이곳으로 이사 온 것은 순전히 엄마의 직장 때문이었거든요.

멀리 푸른 하늘에 뭉게뭉게 떠 있는 구름이 학교 건물과 너무나도 잘 어울려 보였습니다.

'아빠는 왜 그렇게 일찍 하늘나라로 가셨을까?'

물끄러미 하늘을 바라보고 있던 에릭의 눈에서 주르르 눈물이 흘러내렸어요. 오늘 따라 하늘이 고향에 살던 때처럼 무척 파랗고 눈부셨거든요. 에릭은 살며시 눈을 감았습니다. 그런데 눈을 감으니 눈꺼풀 아래서 아지랑이가 피어났어요. 노랗고 하얀 빛이 마치 요정처럼 이리저리 움직였습니다. 불빛을 따라가면 팅커벨을 따라가는 피터 팬처럼 꿈속의 세상으로 날아갈 수도 있을 것 같은 기분이 들었어요. 그 불빛을 따라가면 아빠를 만날 수 있을 것만 같았어요. 사실 에릭은 아빠의 얼굴을 기억하지 못했어요. 너무 일찍 아빠와 이별을 했으니까요. 가끔 기억나는 것은 어느 눈 오던 날, 에릭을 위해 눈사람을 만들어 주던 아빠의 뒷모습뿐이었습니다.

아빠의 넓고 든든한 어깨는 어렴풋이 기억나는데, 아빠의 얼굴은 도무지 기억나지 않았습니다.

'왜 아빠의 얼굴을 잊어버린 것일까? 이렇게 다시는 못 만나게 될 줄 알았다면 잘 기억해 둘걸. 가슴속에 꼭꼭 숨겨 두는 건

데…….'

에릭이 혼자 남몰래 아빠를 그리워하고 있다는 걸 엄마는 모르지요. 알아서는 절대 안 돼요. 사랑했던 사람과 이별하는 것은 가슴의 반쪽을 잃어버리는 것과 같다고 언젠가 엄마가 말했거든요. 엄마 역시 가슴 반쪽이 잘려 나간 아픔이 아직도 다 아물지 않은 게 분명했어요. 가끔 엄마도 먼 하늘을 보면서 그리움에 젖고는 하거든요. 그런 엄마의 얼굴이 너무 슬퍼 보여서 에릭은 아빠가 보고 싶다는 말을 차마 할 수가 없었어요. 대신 엄마가 그리운 얼굴로 하늘을 볼 때면 가만히 엄마 곁에 서서 에릭도 하늘을 바라보는 버릇이 생겼습니다.

래시와 산책을 끝낸 에릭이 조나단의 집에 들어갔지만 할아버지는 보이지 않았습니다. 탁자 위에는 마시멜로 쿠키가 놓여 있었어요. 하지만 에릭은 별로 내키지 않았어요. 아직도 학교에서 있었던 싸움으로 기분이 나빴거든요. 마음은 여전히 구겨진 휴지 조각 같았습니다.

에릭은 복잡한 생각을 떨쳐 버리기라도 하듯 큰 소리로 조나단을 불렀어요.

"할아버지! 할아버지! 어디 계세요?"

"나 여기 있다."

거실을 지나 서재에서 조나단 할아버지의 목소리가 들려왔어요. 살금살금 걸어가 서재 문을 열고 얼굴을 내밀자, 얼마나 책이 많은지 에릭의 입이 딱 벌어졌어요. 책상에서 책을 읽고 있던 조나단이 들어오라고 손짓을 했어요. 에릭은 조용히 다가갔습니다.

"에릭, 얼굴이 왜 그러니? 친구들하고 싸운 거니?"

"……."

"말하고 싶지 않으면 안 해도 된다. 근데 어서 약을 발라야겠다. 이리 오너라."

다정히 약을 발라 주는 조나단 할아버지의 따뜻한 손길에 에릭은 마음이 뭉클해지면서 한편으로는 서러웠어요.

"아이들이 촌뜨기라고 놀리고, 또 아빠가 없다고 놀렸어요. 게다가 제닝스가 저보고 거짓말쟁이라고 하는 거예요."

에릭은 조나단에게 학교에서 있었던 이야기를 모두 털어놓았습니다.

"에릭! 거짓말을 하는 사람은 무엇보다 자신감이 없는 사람이란 다. 자신을 올바르게 보지 못하는 용기 없는 사람이지. 스스로 책임지기를 두려워하는 사람이란다."

"하지만 전 장난감을 조금 만졌을 뿐인데……."

"물론 그렇겠지. 하지만 장난감이 고장 났다면 사과할 줄 알아야 해. 이 할아버지가 필요하다면 언제든지 네 편에 서 주마. 그렇다고 네가 어리광 부리는 걸 받아 주겠다는 뜻은 아니다. 게으름 피우는 걸 그냥 보고 있겠다는 뜻도 아니다. 난 널 많이 사랑하니까 네가 정직하고 부지런하고 너그럽고 호기심 많은 소년으로 자라도록 도와주겠다는 뜻이야."

"고맙습니다, 할아버지."

조나단이 에릭의 손을 잡자 에릭은 마음이 금방 따뜻해졌고 입가에 웃음이 가득했어요.

조나단은 책꽂이에서 책 한 권을 꺼내 들었습니다.

"이분을 알겠니? 바로 마하트마 간디란다."

"저도 학교에서 배워서 알아요. 평화를 주장하며 인도의 독립을 이끈 분이잖아요."

"잘 알고 있구나. 그분의 손자 중에 아룬 간디가 있는데 내 친구이기도 하단다."

에릭은 어느새 학교에서의 일을 까맣게 잊고 눈동자를 반짝반짝 빛내며 이야기에 귀를 기울였어요.

"아룬은 열두 살 때 할아버지로부터 마음을 다스리는 법과 평화롭게 힘을 사용하는 법, 그리고 겸손함에 대해서 배웠지. 또 열일곱 살 되던 해에는 아버지로부터 평생 잊지 못할 깨달음을 얻었단다."

"어떤 깨달음이었는데요?"

에릭이 몹시 궁금하다는 듯 물었어요.

"어느 날 아침 아룬의 아버지는 아들에게 자신을 사무실까지 차로 데려다 달라고 부탁했단다. 사무실은 집에서 15킬로미터 떨어진 거리에 있었어. 그리고 사무실에 도착한 뒤 아버지는 아룬에게 자동차에 문제가 생긴 것 같으니 정비소에 보내서 수리하는 게 좋겠다고 했어. 그리고 수리가 끝나면 늦어도 5시까지는 사무실로 돌아오라고 당부했지."

에릭은 귀를 쫑긋 세우고 조나단의 이야기를 듣고 있었습니다.

"아룬은 차를 정비사에게 맡긴 다음 식당에서 점심을 먹고 정비소로 돌아왔어. 물론 자동차는 말끔하게 수리되어 정비소 옆 주차장에 세워져 있었지. 그런데 시계를 보니 겨우 12시가 조금 지나 있었어. 아버지하고 약속한 5시가 되려면 아직 한참 기다려야 했어. 그래서 아룬은 차를 몰고 시내로 갔단다. 그러다 간판이 화려한 극장이 눈에 띄어 차를 세웠지. 그곳은 한 장의 영화표로 두 편의 영화를 볼 수 있는 극장이었던 거야. 아룬은 영화에 푹 빠진 나머지 두 편을 연이어 보고 말았단다. 영화가 끝난 다음에야 아룬은 화들짝 놀라 시계를 보았지. 아뿔싸! 6시 5분이었어. 이미 아버지와의 약속 시간이 지났지 뭐야. 아룬은 벌떡 일어나 극장 밖으로 뛰쳐나왔어. 그러고는 허겁지겁 아버지에게 왔어."

조나단은 잠시 이야기를 멈추고는 차를 마셨어요. 에릭은 궁금한 마음에 질문을 했습니다.

"아버지께 야단을 맞았겠네요."

"아니! 야단은커녕 아버지는 부드러운 목소리로 무슨 일이 있었느냐며 걱정스럽게 물으셨어. 그런데 아룬은 당황하여 그만 거짓말을 하고 말았단다."
"할아버지! 아룬이 어떤 거짓말을 했는데요?"
"정비사들이 고장 난 원인을 찾지 못해 수리가 끝나자마자 곧장 달려왔는데도 너무 늦고 말았다고 둘러댔지. 그런데 아들을 바라보는 아버지의 얼굴에 순간 어두운 그림자가 드리워졌어. 아룬은 괜스레 수선을 피우며 운전석에 올라타더니 이제 덜덜거리는 소리가 나지 않을 거라면서 아버지에게 어서 타라고 말씀드렸단다."

조나단은 마치 아룬의 아버지가 된 듯 차를 한 모금 마시며 옅은 한숨을 지었습니다.

"근데 아룬의 아버지는 제자리에 꼼짝 않고 서서 아들에게 혼자 차를 몰고 집으로 돌아가라고 하는 거야. 자신은 걸어가겠다고 하면서 말이야."

"왜 그 먼 거리를 걸어간다고 하신 거죠?"

에릭은 코언저리를 찡긋거리며 물었습니다.

"아버지는 침착하면서도 위엄 있는 목소리로 아들에게 말했지. 아들아, 나는 너를 올바르게 키우고자 노력했단다. 그런데 그러지 못한 것 같구나. 난 아버지로서 자격이 없어. 그러니 어떻게 해야 훌륭한 아버지가 될 수 있는지 곰곰이 생각하면서 집까지 걸어가야겠다."

"아니, 어떻게 아룬이 거짓말한 것을 알았을까요?"

"시간이 지나도 아들이 오지 않자 걱정된 아버지가 정비소에 전화를 걸었던 거야. 그래서 이미 사정을 모두 알고 있었지. 아버지는 집을 향해 걷기 시작했어. 아룬은 천천히 차를 몰고 아버지를 뒤따르면서 울먹였지만 아버지는 끝내 차를 타지 않았지. 두 사람은 결국 자정 무렵에야 집에 도착했어. 집에 도착한 아버지는 아무 말 없이 조용히 잠자리에 들었단다."

이야기에 푹 빠져 있던 에릭이 한숨을 내쉬며 말했습니다.

"저도 예전에 여러 번 엄마한테 거짓말을 했다가 들킨 적이 있었어요. 엄마는 그때 한 달 동안 용돈을 주지 않았어요. 게다가 48시간 동안이나 외출을 금지시켰지요."

 에릭은 거짓말로 인해 생긴 끔찍했던 지난날이 떠올라 몸을 으스스 떨었습니다.

 "하지만 아룬 간디의 아버지는 아들에게 어떠한 벌도 주지 않았단다."

"정말요?"

"아룬은 내게 이 이야기를 들려주면서 말했어. 자신은 그날 이후로 어느 누구에게도 약속 시간을 어기거나 거짓말을 해 본 적이 없다고 하더구나. 결국 아룬의 아버지는 화를 내지도, 꾸지람을 하지도 않은 채 아들에게 몸소 행동으로 보여 주면서 스스로 감동하게 했던 거야. 그리고 그러한 아버지의 행동은 아룬에게 평생 잊지 못할 큰 깨달음을 주었단다."

조나단의 이야기는 여기서 끝이 났어요.

집으로 돌아오는 길에 에릭은 또다시 아빠 생각이 났습니다. 교통사고로 다시는 볼 수 없는 저 멀리 하늘나라로 가 버린 아빠가 너무나 보고 싶었어요.

그날 저녁, 에릭은 책상 서랍에서 일기장을 꺼내 적기 시작했습니다.

 ## 에릭의 마시멜로 일기장

오늘은 정말 재수가 없는 날이다.
제닝스의 장난감이 망가지는 바람에 싸움을 했다.
'나에게도 제닝스나 아론처럼 아빠가 있다면 얼마나 좋을까?'
그러나 조나단 할아버지를 만나 기분이 좋아졌다.

난 왜 거짓말을 할까? 그 이유가 뭘까?

* 엄마에게 야단을 맞지 않기 위해서
* 내가 틀렸다는 것을 감추기 위해서
* 나를 더 높이기 위해서
* 친구가 사실을 모르고 있기 때문에
* 친구에게 피해를 주기 위해서

마시멜로의 유혹을 참듯이 거짓말하고 싶은 마음을
꾹 눌러야겠다. 그리고 학원을 빼먹어 놓고 엄마에게는
학원에 갔다 왔다고 거짓말을 하고, 그 거짓말이
들통 날까봐 불안하고 떨리고 두렵던 어리석은 일을 다시는
저지르지 말아야겠다. 그리고 한 번 약속한 것은 꼭 지키자.

세 번째 마시멜로

인내와 절제가 주는
행복의 마시멜로

온 세상에 흐드러지게 활짝 핀 꽃들이 춤을 추며 꽃가루를 뿌려 주듯 초여름의 눈부신 햇볕이 집 안으로 쏟아져 들어왔습니다. 에릭은 요란한 자명종 소리에 잠에서 깼어요. 기지개를 켜는데 침대 머리맡에 놓아둔 마시멜로 봉지가 손에 닿았어요. 에릭은 마시멜로를 쳐다보았어요. 포장도 뜯지 않은 마시멜로가 왠지 낯설게 느껴졌어요. 예전 같으면 상상할 수도 없는 일이었지요.

아래층에서 맛있는 냄새가 솔솔 풍겨 왔어요. 에릭은 아래층으로 내려갔습니다.

"에릭, 잘 잤니? 조금만 기다리렴. 엄마가 오믈렛 만들어 줄게."

에릭은 조금 어리둥절했습니다. 사실 에릭네 아침 식사는 언제나 우유와 시리얼이었거든요. 엄마는 일을 하러 식당에 나가야 하기 때문에 아침 시간을 쪼개어 분주하게 청소를 하고 세탁기도 돌려야 했습니다. 그러다 보니 식사 준비에 따로 시간을 쏟을 여유가 없었지요. 그러나 오늘 에릭과 엄마는 오랜만에 식탁에 마주 앉아서 따끈따끈한 오믈렛을 먹었습니다.

엄마가 조금 들뜬 표정으로 물었어요.

"에릭, 용돈 부족하지 않니? 용돈 더 줄까?"

엄마의 다정한 모습에 도무지 영문을 알 수 없던 에릭은 얼떨떨하기까지 했습니다.

"아직 용돈 받을 날이 안 되었잖아요?"

에릭은 언제나 토요일 아침에 일주일치 용돈을 받았거든요. 그리고 엄마는 이제까지 단 한 번도 용돈을 미리 준 적이 없었습니다. 에릭이 용돈을 받자마자 몽땅 써 버린다는 걸 엄마가 잘 알고 있기 때문이었지요.

"엄마! 무슨 좋은 일이라도 있으신 거예요?"

"어제 네 담임선생님께서 전화를 하셨더구나."

엄마는 속마음을 감추지 못하고 말을 꺼냈습니다.

"네가 요즘 몰라보게 달라졌다는 거야. 숙제도 꼬박꼬박 해 오고, 수업도 열심히 듣는다고 칭찬을 하시지 뭐니! 에릭, 엄마는 정말이지 너무나 기쁘단다."

엄마는 말을 하다 말고 눈가에 이슬이 맺히더니 화장지를 꺼내 코를 팽 풀었습니다. 에릭은 오믈렛이 담긴 숟가락을 입에 문 채 멀뚱멀뚱 엄마를 쳐다보았어요.

"에릭, 정말 고맙다. 아빠가 안 계셔도 씩씩하게 잘 자라줘서 말이야."

엄마의 애틋한 목소리가 아침 햇살과 함께 에릭의 마음으로 쏙 들어왔습니다.

"고맙긴요. 그 정도 가지고 뭘 그러세요? 그리고 용돈은 아직도 많이 남아 있어요."

에릭은 엄마가 진짜 기뻐하는 모습에 더 신이 났어요. 생각해 보면 정말 에릭은 많이 달라졌습니다. 공부를 열심히 하는 것은 물론이고 마음속에서 꿈이 쑥쑥 자라고 있었거든요.

토요일 오후, 에릭은 커다란 바구니를 들고 집을 나섰어요. 바구니 안에는 건포도 머핀 세 개와 유기농 채소와 과일이 들어 있었어요. 그리고 에릭의 한 손에는 정성껏 포장한 선물 꾸러미가 들려 있었습니다.

이른 아침부터 에릭의 엄마는 오랜만에 음식을 만들었어요. 앞

치마를 두르고 소매를 걷어붙인 뒤 피자 반죽을 만들고 머핀 재료를 섞었어요. 엄마는 에릭이 조나단 할아버지에게 여러 번 음식을 대접받았다는 것을 알고 있었어요. 그래서 답례를 하려고 오래전부터 벼르고 별러 왔던 일이었어요. 그러나 에릭의 엄마는 음식 솜씨가 그다지 좋은 편이 아니었어요. 피자는 너무 딱딱했고 머핀은 푸석거렸습니다.

에릭은 오븐 앞에서 울상을 짓고 있는 엄마를 위로하려고 애썼어요.

"괜찮아요, 엄마! 조나단 할아버지는 분명 입맛이 까다롭지 않으실 거예요."

"에릭, 조나단 할아버지의 치아가 조스만큼 튼튼하지 않다면 이 피자를 도저히 씹어 삼킬 수 없을 거야."

엄마가 피자를 손가락으로 꾹꾹 누르며 절망스런 표정으로 말했어요. 엄마의 말처럼 아무래도 피자는 먹기를 포기해야 할 것 같았어요. 불안한 눈빛으로 피자를 쳐다보던 에릭은 머핀 귀퉁이를 조금 떼어 먹어 보았습니다. 머핀은 입속에서 버석거렸고 지나치게 달았어요. 그러나 적어도 삼키지 못할 정도는 아니었어요.

"머핀은 살 만들어진 것 같아요."

"정말이니?"

에릭의 말에 금세 얼굴이 환해진 엄마가 머핀을 조금 떼어 입에 넣었어요. 그러더니 고개를 갸웃거리며 말했습니다.

"뭐, 그런대로 괜찮은 것 같구나. 썩 맛있진 않지만 말이야."

에릭과 엄마는 모양이 예쁘게 부풀어 오른 머핀을 딱 세 개만 골라서 바구니 한쪽에 넣었어요. 그리고 신선한 유기농 채소와 과일을 보기 좋게 담은 다음 정성껏 포장했습니다.

"할아버지께 쾌차하시고 나면 나중에 꼭 한 번 식사에 초대하겠다고 말씀드리렴."

엄마가 앞치마를 벗으며 말했어요. 그리고 서둘러 외출복으로 갈아입고 에릭의 이마에 뽀뽀를 한 다음 오후 근무를 하러 가기 위해 집을 나섰습니다.

에릭이 조나단의 응접실에 들어섰을 때 탁자 위에는 두툼한 책이 한 권 펼쳐져 있었습니다.

"에릭, 어쩐 일이니? 오늘은 산책이 없는 날인데……."

조나단이 의아한 표정으로 물었어요. 에릭은 어쩐지 조나단의 독서를 방해한 것 같아 미안한 생각이 들었어요. 그러나 그런 생각은 이내 눈 녹듯이 사라졌어요. 조나단은 언제나처럼 다정한 눈빛으로 에릭을 바라보고 있었습니다.

"심부름 때문에 왔어요. 엄마가 이것을 할아버지께 가져다 드리라고 했거든요."

조나단은 바구니를 받아 탁자 위에 내려놓았어요. 그리고 꾸러미를 풀더니 감탄한 듯 명랑한 목소리로 말했습니다.

"오호, 건포도 머핀이잖아. 어머니께서 직접 만드셨나 보구나. 게다가 유기농 채소와 과일도 있군. 에릭, 어머니께 감사하다고 전해 드리렴."

에릭은 잠깐 동안 주뼛주뼛 서 있다가 선물을 하나 더 꺼냈어요. 그러고는 슬그머니 바구니 옆에 내려놓았습니다.

"이건 제가 할아버지께 드리는 선물이에요."

조나단은 짐짓 놀란 표정으로 선물을 집어 들었어요. 그리고 포장을 풀어 본 후에는 더욱 깜짝 놀랐습니다.

"아니, 원두커피로구나. 하지만 이건 꽤 값이 나갈 텐데?"

조나단은 기뻐하기보다 한편으로는 놀라고, 또 한편으로는 의구심에 가득 찬 얼굴로 원두커피를 뚫어져라 쳐다보았어요. 에릭은 뭐라고 설명을 해야만 할 것 같았어요.

"할아버지께서 주신 돈은 몽땅 저금해 두었어요. 선물은 제 용

돈으로 산 거예요. 전 매주 토요일에 7달러씩 용돈을 받거든요. 오늘 아침에도 평소처럼 엄마한테서 7달러를 받았어요. 그리고 용돈을 넣으려고 지갑을 열었는데, 글쎄 돈이 남아 있지 뭐예요? 무려 20달러나 말이에요. 그중 15달러는 할아버지께서 주신 돈이 분명해요. 지난주 금요일에 제 지갑에는 땡전 한 푼 없었으니까요. 그런데 15달러를 빼고도 5달러가 남는 거예요. 저는 어떻게 된 건지 곰곰이 따져 보았어요. 그 5달러는 지난주에 제가 쓰지 않고 남겨 둔 돈이었어요. 어떻게 5달러나 모을 수 있었던 걸까? 다시 찬찬히 생각해 보았죠. 그랬더니 그게 다 마시

멜로 때문이었어요."

"마시멜로?"

에릭의 이야기를 귀담아듣던 조나단이 물었습니다.

"예, 마시멜로요."

에릭은 고개를 끄덕이며 힘주어 말했습니다.

"전 언제나 학교에서 돌아오면 친구들하고 노느라 바빴어요. 공원에서 놀기도 하고 시내에 있는 오락실에서 놀 때도 있었죠. 래시를 산책시키면서도 마찬가지였어요. 할아버지한테서 마시멜로 이야기를 듣기 전까지는 말이에요."

에릭은 지금부터가 중요하다는 듯 침을 꿀꺽 한 번 삼킨 뒤에 말을 계속했어요.

"할아버지는 마시멜로가 당장 눈앞에 던져진 만족이자 유혹이라고 말씀하셨죠? 저는 집에 돌아와서 나의 마시멜로는 무엇인지 생각해 보았어요. 그랬더니 마시멜로가 산더미처럼 쌓여 있더라고요. 숙제 안 하기, 준비물 안 챙기기, 잠자기 전에 양치질 안 하기, 불량 식품 사 먹기, 1센트 걸고 친구들하고 카드 내기 하기 등등. 그래서 저는 마시멜로를 먹지 않고 꾹 참기로 제 자신하고 약속했어요. 그렇게 약속을 지키려고 조금씩 애쓰다 보니까……"

"그래서 용돈이 남게 되었다는 거냐?"

조나단이 웃음 띤 얼굴로 물었어요.

"네, 바로 그거예요. 숙제를 꼬박꼬박 하다 보니까 집 밖에서 보내는 시간이 줄어들었어요. 그래서 용돈을 쓸 일이 별로 없었던 거예요. 또 요즘에는 저한테 카드 내기를 하자고 꼬드기는 애들도 별로 없어요. 친구들은 제가 숙제를 해 오는 게 이상한가 봐요. 난 그냥 마시멜로를 먹지 않고 참는 것뿐인데."

에릭은 시무룩한 표정을 지었어요. 문득 친했던 친구들과 멀어지게 된 것 같아 서운한 생각이 들었기 때문이었어요. 하지만 이내 밝은 표정으로 말했습니다.

"그래도 괜찮아요. 지미가 자기 생일날 제일 먼저 저를 초대하겠다고 약속했어요. 제가 숙제를 조금 도와줬거든요. 지미는 우리 반에서 최고 인기가 많은 친구예요."

"알겠다, 에릭. 그래서 지난주에 남은 용돈 5달러하고 오늘 받은 용돈 7달러를 합쳐서 12달러짜리 원두커피를 산 거니?"

조나단이 물었어요. 그러자 에릭은 의기양양한 표정을 지으며 대답했습니다.

"엄마는 늘 입버릇처럼 합리적인 소비가 중요하다고 말했어요."

그러고는 호주머니에서 착착 접어 놓은 종이 한 장을 꺼내서 조나단에게 보여 주었어요.

"합리적인 소비란 쿠폰을 뜻해요. 엄마는 잡지에 실린 쿠폰을 한 장도 버리지 않고 전부 모아 두어요. 이건 원두커피 50% 할인 쿠폰이에요. 할아버지께도 한 장 드릴까요?"

그러자 조나단이 유쾌하게 너털웃음을 터뜨렸어요.

"하하하, 진짜 합리적인 소비인걸. 나도 오늘 아주 중요한 걸 배웠구나. 에릭의 어머니는 정말 대단한 분이로구나. 그리고 마시멜로 이야기가 네게 도움이 됐다니 무척 기쁘구나. 네 선물은 고맙게 받으마."

조나단은 언제나 그렇듯 애정이 담긴 눈으로 에릭을 바라보며 말했습니다.

"하지만 에릭, 이렇게 값비싼 선물은 이번 한 번으로 됐단다. 알겠니?"

조나단의 말에 금세 풀이 죽은 에릭은 발끝을 내려다보며 옷자락을 만지작거렸어요.

"에릭! 성공은 과거나 현재에 좌우되는 것이 아니란다. 내일의 성공은 오늘 어떤 준비를 하느냐에 따라 결정되는 것이지. 남들이 가지 않은 길을 기꺼이 가는 사람이 성공에 이를 수 있단다."

"잘 알겠습니다."

"자, 이제 네 엄마가 만들어 주신 머핀을 같이 먹지 않겠니? 나는 조금 출출하구나."

에릭은 당황한 듯 손사래를 치며 말했습니다.

"전 배가 하나도 안 고파요. 그리고 월요일은 시험이 있어요."

"그래? 그럼 빨리 가야겠구나."

"월요일에 학교 끝나고 오겠습니다. 안녕히 계세요."

에릭은 더 이상 말썽꾸러기가 아니었어요. 제법 귀공자처럼 늠름하고 의젓하게 말을 했습니다.

"조심해서 가거라. 그리고 엄마에게 고맙게 잘 먹겠다는 말도 꼭 전해 주렴."

조나단은 열한 살 난 꼬마의 놀라운 변화를 지켜보면서 춤이라도 덩실덩실 추고 싶을 만큼 기뻤어요.

에릭이 밖으로 나오자 살랑살랑 바람이 불 때마다 은은한 장미 향기가 났어요. 조나단의 정원에 덩굴장미가 흐드러지게 피어 있었기 때문이었지요.

에릭은 기분이 좋아져 발을 흔들며 콧노래를 불렀습니다.

에릭의 미소 위로 햇살이 반짝였어요.

그날 밤, 에릭은 볼펜 끄트머리를 질근질근 씹으며 골똘히 생각에 잠겼어요. 그러고는 숨을 깊게 들이마셨다가 천천히 내뱉었습니다.

'할아버지 말씀대로 미리 하나하나 준비하는 사람이 성공하는 거야. 그래, 준비하는 사람이 되자.'

에릭은 최선을 다해 자신과의 약속을 지키겠노라고 다부지게 마음먹었습니다.

에릭은 오늘도 일기장을 꺼내 연필을 꾹꾹 눌러 가며 열심히 적었습니다.

 에릭의 마시멜로 일기장

월요일에는 시험이 있다.
시험이라는 말만 들어도 벌써부터
가슴이 철렁 내려앉는다.

시험이라는 괴물을 없애는 방법!!!

하나, 수업 시간에 선생님 말씀을 잘 듣는다.
둘, 그날그날 예습과 복습을 한다.
셋, 1등한 자신의 모습을 상상한다.

자신감을 갖자. 나도 다른 친구들만큼
할 수 있다. 이번에는 진짜 시험을 잘 보고 싶다.
그래서 힘들게 고생하시는 엄마를 기쁘게 해
드리고 싶다.

네 번째 마시멜로

백만장자가 되는 근검절약의 마시멜로

에릭은 점심시간을 이용해서 도서관에 갔습니다. 조나단을 만나고 난 뒤로 에릭에게 바뀐 것 중 하나가 책을 많이 읽는 것이었어요.

조나단은 에릭에게 입버릇처럼 말했습니다.

"책이야말로 세상에서 가장 훌륭한 양식이지. 나의 아버지는 늘 시간이 나든 안 나든 책을 손에서 놓지 말라고 당부하셨단다."

오늘도 에릭은 빌려 본 책을 갖다 주고 새로운 책을 빌려서 열람실을 나오다가 깜짝 놀라 우뚝 걸음을 멈췄어요. 잡지 진열대에서 눈에 익은 얼굴을 발견했던 거예요. 잡지의 표지 인물은 바로 조나단 할아버지였습니다.

〈이 시대에 존경할 만한 인물, 조나단 페이션트〉
소프트웨어 산업을 주도하고 있는 기업가, 억만장자가 돼서도 검소하고 알뜰한 생활을 하며 대부분의 재산을 기부한 것으로 알려져 있다.

잡지를 훑어본 에릭은 믿기지 않는 듯 고개를 저으며 한숨을 내쉬었습니다. 자신이 너무도 한심하게 느껴졌어요. 자신과 매일같이 대화를 나누었던 조나단 할아버지가 세계적으로 유명한 인물이었던 거예요. 어쩌면 위인전에 이름이 나오게 될지도 모르는 대단한 사람이었지요.

'난 여태 그런 줄도 모르고 그냥 부자 할아버지로만 알았네.'

에릭이 잡지를 제자리에 놓고 도서관을 나와 운동장을 지날 때였습니다. 멀리서 낯익은 리무진이 다가오더니 뒷자리에서 아직도 다리가 아픈 조나단 할아버지가 내렸습니다.

"할아버지!"

"이렇게 학교에서 에릭을 만나니 더욱 반갑구나."

에릭은 너무 놀라 동그랗게 토끼 눈을 하고 조나단을 바라보았어요.

"그런데 어쩐 일이세요?"

"오늘 너희 학교에서 강연이 있는데, 소식 못 들었니?"

조나단은 다정하게 에릭의 손을 잡으며 말했어요. 할아버지의 손은 따뜻했어요. 봄날 같았어요. 마시멜로 같았어요.

"유명한 분이 오신다는 것은 알았지만 할아버지가 오실 줄은 미처 몰랐어요."

그때, 운동장에서 노는 시간이 끝나고 오후 수업을 알리는 종이 울렸습니다. 아이들이 와와 소리를 지르며 교실로 들어갔어요.

"에릭! 이따가 강당에서 보자."

"네, 할아버지."

교실로 뛰어 들어가던 에릭이 걸음을 멈추고 뒤를 돌아보았어요. 조나단 할아버지가 여전히 에릭을 바라보며 입가에 잔잔한 미소를 짓고 있었지요.

에릭의 얼굴에 기쁨이 분수처럼 치솟아 올랐습니다.

학교 강당에는 백만장자인 조나단의 강연을 듣기 위해 전교생이 모였습니다. 교장선생님이 강단에 나와 조나단을 소개했어요.

"오늘 여러분에게 좋은 말씀을 해 주실 분은 세계적인 대기업을 이끌고 있는 회장이시고, 우리 학교에도 많은 장학금을 내시는 등 여러모로 도움을 주시는 조나단 페이션트 씨입니다."

소개가 끝나자 강당에 박수 소리가 요란했습니다.

조나단이 휠체어를 타고 천천히 강단에 섰어요.

"어린이 여러분을 만나면 무슨 이야기를 해 줄까 고민을 많이 했답니다. 그래서 생각난 것이 바로 마시멜로 법칙입니다."

조나단은 예전에 에릭에게 들려주었던 어린이들의 욕망과 자제를 연구하는 실험을 설명했어요. 그리고 이야기가 끝나자 다시 또 다른 이야기를 시작했어요.

"세상에는 성공한 사람들이 참 많지요? 난 야구팀 뉴욕 양키즈와 포수였던 호르헤 포사다 선수를 무척 좋아합니다. 그의 아버지는 아들에게 늘 이런 말을 했다고 합니다. 세상에 '연습'만큼 위대한 자질은 없다고 말이에요. 열심히 연습을 하다 보면 언젠가는 진가를 발휘할 수 있는 날이 올 거라고 가르쳤지요. 호르헤 포사다는 아버지의 가르침대로 피나는 노력을 기울인 덕분에 안타를 치는 횟수가 점점 늘어났고, 오른쪽 담장을 훌쩍 넘기는 멋진 홈런을 치기도 했어요. 처음에는 아무도 알아주지 않았던 선수였지만 어느덧 그는 팀에서 없어서는 안 될 포수로서, 그리고 투수에 따라 왼쪽과 오른쪽 타석을 자유자재로 오가는 뛰어난 타자로 성장했지요. 호르헤 포사다는 2000년에는 28개

의 홈런을 쳤고, 2001년에는 22개의 홈런을 쳤어요. 그리고 마침내 2003년에는 한 시즌에 홈런 30개를 기록하면서 뉴욕 양키즈 역사상 포수로서 가장 많은 홈런을 친 요기 베라와 같은 타이기록을 세웠어요. 남들보다 더 많이 연습하고 또 연습한 결과 훌륭한 선수로 우뚝 설 수 있었던 거예요."

조나단의 이야기를 듣고 있던 아이들은 우레와 같은 박수갈채를 보냈어요. 에릭도 눈을 반짝이며 조나단의 이야기에 귀를 기울였어요. 조나단은 목이 마른지 강단 테이블 위에 놓인 물을 한 모금 마셨습니다.

"오늘 끝으로 여러분에게 들려줄 이야기는 내가 가장 존경하는 윌리엄 페이션트에 대한 이야기입니다. 윌리엄 페이션트는 쿠바에서 태어나고 자랐어요. 그리고 대학을 졸업한 후에는 주목받는 언론인이 되었지요. 하지만 당시 쿠바는 카스트로의 혹독한 통치 아래 신음하고 있었어요. 윌리엄은 카스트로를 노골적으로 비판했어요. 그러자 카스트로는 윌리엄에게 추방 명령을 내렸지요. 윌리엄은 모든 것을 빼앗긴 채 조국을 떠나 미국으로 왔어요. 그때 그의 아내는 임신한 몸이었지요. 윌리엄은 아주 작은 집에 세 들어 살면서 부두 노동자부터 식당 접시닦이까지 닥치는 대로 일했어요. 아내 또한 파출부와 빌딩 청소부로 일했지요. 윌리엄 부부는 월급을 받으면 아무리 적은 액수일지라도 반드시 저축을 했어요. 당장 먹을 음식을 살 돈이 부족했을 때조차도 저축은 빠뜨리지 않았어요. 그리고 알뜰살뜰 근검절약을 했어요. 윌리엄은 쿠바를 떠날 때 구입한 지 3년쯤 된 검정색 구두를 신고 있었는데, 그가 새 구두를 산 건 그로부터 11년이나 지난 후였답니다. 윌리엄은 틈틈이 미국 신문사에 이력서를 냈지만 일자리를 얻을 수 없었어요. 결국 그는 직업을 바꾸기로 마음먹었어요. 그리고 적잖은 나이였음에도 불구하고 스탠포드 대학에 입학을 했고 열심히 공부해서 장학금을 받았어요. 그는 일을 하면서 학교를 다녔고, 학교에 다니면서 일을 했지요. 한편 윌리엄은 자신의 원칙을 아들에게도 물려주었어요. 그의 아들은 명문대학인 컬럼비아 대학을 졸업했는데, 4년 내내 장학금을 받으면서도 쉬지 않고 아르바이트를 해서 자기 힘으로 학업을 마쳤어요. 아들은 대학을 졸업하자마자 좋은 직장에 들어갔어요. 월급도 많이 받았고 승진도 빨랐지요. 남부럽지 않게 편

히 생활할 수 있었지만 아들은 아버지와 마찬가지로 근검절약이 몸에 배어 있었어요. 아들 역시 구두 한 켤레를 7년 이상 신었으니까요. 어느 날 아들에게 좋은 기회가 찾아왔어요. 파산 위기에 몰린 인터넷 회사를 인수해 보지 않겠냐는 제의를 받았지요. 아들은 몇 날 며칠 잠을 설쳐 가며 고민했어요. 더 큰 무대로 나아갈 수 있는 도약의 기회이기도 했지만, 만약 실패한다면 지금까지 이뤄 놓은 모든 것이 물거품이 될 수도 있었으니까요. 마침내 그는 과감하게 결단을 내렸어요. 회사에 사표를 내고 직장 동료 몇 명과 함께 인터넷 회사를 인수해서 새로운 회사를 설립한 거예요. 그는 언제나 그랬듯이 최선을 다해서 일했

어요. 그리고 그가 설립한 회사는 눈부시게 성장했어요. 마침내 그는 세계적인 대기업을 이끄는 백만장자 회장이 되었지요. 대기업 회장이 된 후에도 그는 이미 몸에 배어버린 생활 습관을 고치지 못했어요. 근검절약이 바로 그것이지요. 그는 누구보다 돈이 많았지만 평범한 주택에 살며 평범한 자동차를 몰고 여전히 7년마다 한 켤레씩 구두를 샀어요. 그리고 늘그막에는 평생 동안 모은 재산을 사회에 환원할 것입니다. 이제 머리가 하얗게 세어 버린 그는 이따금씩 돌아가신 아버지를 떠올리곤 한답니다. 그리고 그럴 때마다 생각합니다. 그가 성공할 수 있었던 것은 아버지가 물려준 근검절약 정신 덕분이라고 말이에요."

이야기를 마친 조나단의 눈가에 작은 이슬방울이 맺혔어요. 그 모습을 지켜본 에릭은 윌리엄 페이션트가 누구인지 짐작할 수 있었어요. 바로 조나단, 그의 아버지였어요.

"아버지는 내게 단 한 푼도 재산을 물려주지 않았지요. 아버지가 내게 물려준 것은 단지 부지런한 생활 태도와 근검절약 정신이 전부였어요."

강단에 서 있는 조나단은 차분한 목소리로 말했습니다. 그리고 지갑에서 누렇게 빛이 바랜 쪽지를 한 장 꺼냈어요.

"오늘 이 쪽지를 읽어 줄 여러분의 친구 한 명을 소개하겠습니다. 저기 한가운데에 앉아 있는 내가 아주 좋아하는 어린 친구 에릭입니다. 난 에릭의 할아버지랍니다."

조나단 회장 입에서 에릭의 이름이 불쑥 나오자 강당에 모인 아이들은 머리를 한 대 얻어맞은 듯 어리둥절한 표정을 지었습니다. 수많은 아이들의 눈동자가 일제히 에릭에게 쏠렸어요. 에릭 또한 너무 놀라 얼굴이 홍당무가 되었습니다. 순간 가슴이 뭉클해지고 눈물이 나올 것만 같았어요.

"에릭! 이리 나와서 이 쪽지를 읽어 주지 않겠니?"

에릭은 떨리는 마음으로 강단으로 올라갔어요. 그러자 조나단이 쪽지를 에릭에게 건넸어요. 쪽지를 받아 든 에릭은 고개를 갸웃거렸어요. 글씨가 흐릿한 회색 잉크로 쓰여 있었기 때문이에요. 그러나 에릭은 아주 오래전, 이 글씨가 처음 쓰여졌을 때는 또렷한 검정색이었다는 것을 알아차렸어요. 에릭은 쪽지에 쓰인 글을 또박또박 읽어 가기 시작했어요.

아프리카에서는 매일 아침 가젤이 잠에서 깬다.
가젤은 가장 빠른 사자보다 더 빨리 달리지 않으면
잡아먹힌다는 사실을 알고 있다. 그래서 그는 자신의
온 힘을 다해 달린다.
아프리카에서는 매일 아침 사자가 잠에서 깬다.
사자는 가젤을 앞지르지 못하면 굶어 죽는다는 사실을
알고 있다. 그래서 그는 자신의 온 힘을 다해 달린다.
네가 사자이든 가젤이든 마찬가지다.
해가 떠오르면 달려야 한다.

〈아프리카에서는 매일 아침 가젤이 잠에서 깬다. 가젤은 가장 빠른 사자보다 더 빨리 달리지 않으면 잡아먹힌다는 사실을 알고 있다. 그래서 그는 자신의 온 힘을 다해 달린다.

아프리카에서는 매일 아침 사자가 잠에서 깬다. 사자는 가젤을 앞지르지 못하면 굶어 죽는다는 사실을 알고 있다. 그래서 그는 자신의 온 힘을 다해 달린다. 네가 사자이든 가젤이든 마찬가지다. 해가 떠오르면 달려야 한다.〉

에릭은 쪽지를 다 읽은 뒤 아무 말 없이 쪽지를 다시 조나단에게 건네주었어요. 가슴이 너무나 떨려서 어떤 말도 할 수가 없었습니다. 그리고 얼른 강단을 내려왔어요.

"에릭, 고맙다. 어린이 여러분! 이 쪽지가 바로 내 아버지가 물려주신 것이자 나의 성공 비결입니다. 이 쪽지는 내 재산 목록 1호입니다. 나는 지난 20년 동안 이 쪽지를 한순간도 몸에서 떼어 놓지 않았답니다."

조나단은 쪽지를 조심스럽게 접어서 지갑 속에 집어넣으며 평소와 다름없는 쾌활한 목소리로 말했습니다.

"오늘 이렇게 어린이 여러분과 함께할 수 있어서 아주 즐거웠습니다. 어린이 여러분에게 꼭 해 주고 싶은 말은 먼저 꿈을 가지라는 것입니다. 꿈이야말로 우리 인생의 가장 소중한 동반자랍니다. 그런 다음 꿈을 이루기 위해 최선을 다해 노력해야 합니다. 바로 지금 이 순간부터 말입니다. 왜냐하면 여러분 모두가 이 세상에서 가장 귀중한 존재이기 때문입니다."

조나단의 이야기를 들으면서 에릭은 물론이고 강당에 모인 아이들 모두가 풍선 같은 부푼 희망과 꿈을 머릿속으로 꿈꾸는 것 같았습니다.

조나단을 향한 박수 소리는 오래오래 계속되었습니다.

교실로 돌아온 에릭은 아이들의 시선이 온통 자기에게 쏠리는 것을 느끼고 왠지 우쭐해졌어요. 마치 승리의 기회를 잡은 전사 같았습니다.

에릭은 평소와는 다르게 자꾸만 웃음이 나왔어요. 교실 한쪽에 서 있던 재닝스는 잠시 머뭇거리더니 어깨를 축 늘어뜨린 채 자기 책상 쪽으로 몇 발자국을 옮겨 갔어요. 그러더니 다시 뒤돌아서서 에릭에게 다가와 겁먹은 자라처럼 아래턱을 목으로 잔뜩 끌어당

기고 풀이 잔뜩 죽은 목소리로 말했습니다.

"난 네가 거짓말을 한 줄 알았는데, 정말 네게 부자 할아버지가 계셨구나."

에릭은 가슴을 한껏 앞으로 내밀고 승자의 웃음을 띠며 말했습니다.

"사실은 친할아버지는 아니야. 내가 할아버지의 강아지를 돌보고 있거든."

에릭은 제닝스에게 살며시 손을 내밀며 말했습니다.

"제닝스! 우리 앞으로 친하게 지내자."

"좋아."

제닝스와 손을 잡으니 따뜻하고 밝은 희망이 에릭의 가슴속으로 순식간에 번져 갔습니다.

에릭은 만족을 잠시 뒤로 미루고 마시멜로 법칙을 실천하면서 새로운 어린이로 변화하고 있었어요.

그날 밤, 에릭은 그동안 할아버지에게 들은 이야기들을 적어 놓은 수첩을 꺼내 마시멜로 계획들을 하나하나 정리하기 시작했습니다.

 ## 에릭의 마시멜로 일기장

오늘은 정말 나에게 특별한 날이다. 조나단 할아버지가 학교에 오셨다. 친구 제닝스는 내가 조나단 할아버지와 친한 게 무척 부러운 눈치였다. 늘 자신만만한 미소로 날 기죽이는 제닝스가 평소에 무척 못마땅했는데, 오늘은 처음으로 내 어깨가 으쓱해지고 기분이 우쭐했다. 너무도 기뻤다.

내일의 성공을 위해 오늘 무엇을 준비해야 할까?

1. 숙제를 꼬박꼬박 한다.
2. 수업 시간에 한눈을 팔지 않는다.
3. 예습과 복습을 빼먹지 않는다.
4. 컴퓨터 게임은 하루에 딱 30분만 한다.
5. 책을 많이 읽는다.
6. 엄마 말씀을 잘 듣는다.
7. 거짓말을 하지 않는다.
8. 친구들과 사이좋게 지낸다.
9. 약속을 반드시 지킨다.
10. 모든 일에 최선을 다한다.

한 걸음만 더 걸어라.
성공은
바로 한 걸음
앞에 있다.

chapter 2

마시멜로
두 번째 이야기

다섯 번째 마시멜로

변화에서 오는 위기의 마시멜로

조금 전부터 빗방울이 떨어지고 있었어요. 아니, 빗방울이라기보다는 하늘에서부터 커다란 물방울이 되어 운동장과 교실 유리창에 사정없이 내리꽂히듯 흘러내렸습니다.

아이들은 교실 창문에 입김을 불어넣어 손가락으로 뽀드득 우스꽝스러운 그림이나 글씨를 그려 넣고는 까르르 웃으며 신나게 놀고 있었습니다. 한쪽에서는 한 학년이 끝나는 아쉬움을 달래며 방학 동안 할 일들에 대해 이야기 나누고 작별 인사를 했습니다.

에릭은 제닝스와 친구들 몇 명을 데리고 교실을 나와 강당으로 향했습니다.

"에릭! 이 마시멜로 법칙을 나누어 주면 진짜로 햄버거 사주는 거지?"

"그럼 여름 방학에 아르바이트를 하니까 내가 한턱낼게."

제닝스의 말에 에릭은 흔쾌히 대답했습니다.

학기가 끝나 갈 무렵, 학교 강당에서는 학부모를 초청해 방학

설명회가 열렸습니다. 비가 오는 궂은 날씨에도 불구하고 학부모가 타고 온 차들로 운동장이 빼곡했어요. 에릭의 엄마도 모처럼 마트에 휴가를 내고 강당에 자리하고 있었습니다.

교장선생님은 단상에 서서 학부모들에게 한창 이야기를 하고 있었습니다.

"저희 학교는 학생 개개인의 능력을 매우 중요하게 생각합니다. 끊임없는 탐구 정신, 진취적인 사고, 독립적으로 생각할 수 있는 자립심을 가진 학생들을 길러 내는 데 교육의 목표를 두고 있지요. 이번 여름 방학에도 많은 프로그램을 준비했습니다. 특히 캠프를 연령별로 나누어 수영, 승마, 배구, 태권도, 요가, 발레, 만들기, 그리기, 음악, 자연 관찰, 연극, 사진, 요리 등 다양한 활동을 할 수 있도록 지역 교육청 소속 공립학교 교사나 각 분야의 전문가를 초빙하기도 하고, 자원 봉사자들이 종일반도 개설해 놓았습니다. 아무쪼록 부모님들의 협조로 우리 어린이들에게 이번 여름 방학이 재미있고 즐거운 추억을 많이 만드는 값진 시간이 되길 바랍니다. 특별 활동에 참여하고 싶으면 담임 선생님께 신청하면 됩니다. 자, 이번에는 학부모님께 도움이 될 것 같아 아주 특별한 학생을 소개하려고 합니다. 우리 학교에서 가장 지도력이 뛰어난 어린이로 미래 대통령상을 받은 마시멜로 소년 에릭 군입니다."

강당 안은 우레와 같은 박수 소리가 진동했습니다. 이윽고 에릭이 두 다리를 약간 떨면서 너무 빠르거나 느리지 않은 걸음으로 단상에 올랐습니다. 두근거리는 마음이 가라앉지 않았지만 에릭은 또랑또랑한 목소리로 말하기 시작했습니다.

"안녕하십니까? 방금 교장선생님께 소개받은 에릭입니다. 사실 전 작년까지는 독서는커녕 숙제도 안 하는 개구쟁이였습니다. 아니, 좀 더 솔직하게 말씀드리면 촌뜨기에 성적은 늘 꼴찌였지요. 그런데 마시멜로 법칙을 따르기 시작하면서부터 완전히 달라졌습니다. 요즘은 공부는 물론이고 책 읽는 일이 취미가 되었습니다. 마시멜로 이야기의 핵심은 '만족을 미룰 줄 아는 힘'입니다. 마시멜로 법칙의 구체적인 이야기는 복사해서 뒤쪽에 준비해 놓았으니 제 친구들이 나누어 드릴 것입니다. 나가시다가 필요하신 분들은 한 장씩 가져가셔도 됩니다."

에릭은 흰 종이를 높이 들어 학부모들을 향해 보여 주었습니다.

한편 뒤에서는 제닝스와 친구들이 종이를 흔들며 밝게 웃고 있었습니다.

"이것은 달콤한 성공을 거둘 수 있는 마시멜로 계획입니다. 저는 시간이 날 때마다 이 질문을 들여다보곤 합니다. 그래서 이미 질문들을 모두 외우고 있답니다. 이 계획을 마음속에 새기면서 책도 보고, 글씨도 쓰고, 영어 단어도 익히고, 라틴어의 불규칙 동사라든가 수학 공식을 외운 덕분에 학교 성적이 90점 이상이 되었고 학력고사에서 좋은 성적을 거두었습니다. 모두 마시멜로 덕분입니다. 오늘 비가 내리는데도 학교를 찾아 주신 학부모님들께 감사드립니다."

에릭은 무척이나 진지했고 아주 의젓했습니다. 연습을 많이 했던 탓인지 그야말로 학생 회장다운 늠름한 모습이었습니다. 학부모들의 관심 또한 대단히 뜨거웠지요.

순간 엄마의 눈에서 감동의 눈물이 주르륵 흘러내렸어요. 모두가 밖으로 나갔지만 엄마는 한참 동안 그 자리에 앉아 있었습니다.

"엄마! 오늘 너무나 예쁘세요."

에릭이 다가와 엄마에게 말을 건넸습니다.

모든 일에서 달콤한 성공을
거둘 수 있는 **마시멜로 계획**

1. 내가 변화하기 위해서 무엇이 필요한가?
   눈앞의 마시멜로를 먹어 치우지 않으려면 무엇을 어떻게
   바꿔야 하는지 생각해 봐라.

2. 나의 장점과 단점은 무엇인가?
   내가 잘하는 것이 무엇이고 고쳐야 할 점은 무엇인지
   객관적으로 판단하라.

3. 결국 마지막에 내가 이루려는 목표는 무엇인가?
   최소한 다섯 가지를 선택해서 순서를 정하라.
   그리고 목표에 도달하기 위해 해야 할 일들을 적어라.

4. 목표를 달성하기 위한 계획은 있는가?
   목표를 위한 계획을 세워라. 계획이 없으면 목표를
   이룰 수 없다.

5. 계획을 실천에 옮기기 위해 어떤 일을 할 것인가?
   오늘, 내일, 다음 주, 내년에 어떤 노력을 할지 꼼꼼하게
   정리하라.

6. 끈기 있게 노력하고 있는가?
   포기하지 마라. 일곱 번 넘어지면 여덟 번 일어나라.

"에릭! 어쩜 그렇게 말을 잘하니? 네가 너무 자랑스럽구나."

엄마의 목소리는 구슬이 또르르 사방으로 구르듯이 낮고 부드러웠어요.

"혹시 떠는 것 같아 보이지는 않았나요? 정말 떨렸거든요."

에릭이 씩 웃었어요. 반듯한 이마, 크고 푸른 눈, 오똑한 콧잔등에 다닥다닥 나 있는 주근깨. 엄마는 언제 보아도 에릭이 잘생겨 보였어요.

"에릭, 너도 이번 여름 방학 동안에 학교 프로그램에 참가하면 어떻겠니?"

"그건 안 돼요. 벌써 자전거 가게에서 아르바이트를 하기로 했는걸요."

"엄마 생각에는 네가 운동도 하고 그림도 잘 그리는 아이였으면 좋겠는데……."

"엄마, 걱정 마세요. 제가 누구예요?"

"마시멜로 소년!"

엄마와 에릭은 강당이 떠나갈 만큼 큰 소리로 웃었습니다.

"엄마, 그만 집으로 가세요. 저도 교실에 가서 선생님과 친구들과 마지막 인사를 나눠야 하거든요."

"그래. 그럼 이따 집에서 보자."

모두들 자동차를 타고 돌아갔지만 엄마는 하늘색 우산을 쓰고 운동장을 빠져나가고 있었습니다. 에릭은 엄마의 뒷모습을 오래오래 바라보았습니다. 엄마는 어디에 있든지 구별할 수 있었어요. 거리가 아무리 멀어도 다른 사람과 전혀 헷갈리지 않았어요. 깡마른 몸에 원피스를 즐겨 입는 엄마는 아무리 많은 사람들이 있는 곳이라도 금방 알아챌 수 있었습니다. 엄마니까요.

교실에서는 담임선생님과 아이들이 아쉬운 인사를 나누고 있었습니다. 이제 한 학년이 완전히 끝나고 있었던 것이에요.

"이 종이에 무엇이 적혀 있는지 다들 알지요?"

선생님의 질문에 아이들이 모두 대답했습니다.

"새 학년 일 년 동안의 스케줄과 준비물요."

"그래요. 여러분은 개학하는 8월 22일까지 멋진 여름을 즐기다가 개학 날에 새 교실로 가서 새 담임선생님과 새 학급 친구들과 함께 새 학년을 시작하게 되는 거예요."

선생님은 준비할 목록이 빼곡히 적혀 있는 커다란 봉투를 나누어 주었습니다.

"학교 프로그램에 참가하고 싶은 친구들은 신청을 하고 모두 즐거운 방학을 보내도록 하세요."

에릭의 학교는 방학이 세 차례 있었습니다. 겨울 방학이 12월 말에 2주 정도, 봄 방학이 4월 초에 1주일쯤, 그리고 여름 방학은 6월 초부터 8월 말까지 2개월 반이 넘었습니다.

길고 긴 신나는 여름 방학이 시작되었습니다.

에릭은 여름 방학 동안에 시간을 어떻게 쓸지 자신의 생각을 정리했습니다. 책상 앞에 앉아 연필로 메모를 꼼꼼히 하면서 하루하루의 계획표를 세세하게 세웠습니다. 먼저 인터넷 동영상의 정보들을 살펴보고, 하루 1시간 이상 독서 시간에 읽지 못했던 책들을 읽었어요. 그리고 6월 말부터 자전거 가게에서 아르바이트를 시작했습니다. 아르바이트라고 해 봤자 전화를 받거나 자전거의 먼지를 털고 자질구레한 심부름을 하는 게 전부였지만 열두 살 소년에게는 결코 쉽지만은 않았지요.

두 달이 넘는 여름 방학 동안 공부와 관련된 그 어떤 숙제도 없기 때문에 동네 공터에서는 아이들이 축구나 야구를 하며 뛰어노

느라 정신이 없었습니다. 점심을 먹으러 집으로 가던 에릭은 아이들을 보며 생각했습니다.

'괜히 아르바이트를 한다고 했나? 나도 친구들과 함께 신나게 놀고 싶은데······.'

에릭은 오전에는 도서관에 가서 책을 읽었어요. 그리고 집에 돌아와 점심을 먹은 뒤 시내에 있는 자전거 가게로 아르바이트를 하러 갔어요. 매일같이 저녁 9시에 잠자리에 들어서 아침 7시에 일어나는 규칙적인 생활 습관을 지켜 나갔습니다.

잠깐잠깐 마음이 흔들리고 게으름을 피우고 싶었지만 그때마다 스스로 마음을 다잡곤 했습니다.

자전거 가게에 나가 청소를 하던 에릭의 눈에 새로 들어온 멋진 자전거가 띄었어요. 에릭은 자전거 위에 올라탔습니다. 푹신한 안장과 발로 밟는 페달의 느낌이 에릭이 가지고 있는 헌 자전거와는 비교가 되지 않았습니다.

"와 멋지다. 학교 다닐 때 타면 좋겠는걸."

에릭은 자전거를 보며 중얼거렸습니다. 이사를 한 뒤로 학교 가는 길이 꽤 멀어졌거든요.

그날 밤, 에릭은 침대에 누워서도 머릿속이 온통 자전거 생각으로 가득했어요. 옆방에서 엄마가 피곤한지 코를 골고 있었지만 에릭은 도무지 잠을 이룰 수가 없었습니다. 아르바이트를 하는 동안 내내 마음을 온통 갖고 싶은 새 자전거에 빼앗겼습니다.

아르바이트가 끝나던 날, 에릭은 자신이 마시멜로 소년이라는 것을 깜빡 잊고 주인아저씨에게 물었어요.

"아저씨! 혹시 저 자전거요."

"어떤 자전거 말이냐?"

"저기 저 멋진 자전거요."

에릭은 사실 자전거를 꼭 사려고 했던 것은 아니었어요. 단지 값이 얼마인지 물어보고 싶었습니다.

"저 자전거는 우리 가게에서 아주 비싼 주니어용 자전거야. 무려 520달러가 넘는단다."

"네? 520달러라고요?"

에릭은 눈이 튀어나올 만큼 깜짝 놀랐어요. 맙소사, 자전거 한 대가 520달러나 하다니!

"정확하게 529달러란다. 왜 네가 사려고?"

주인아저씨가 덧붙여 말했습니다.

"제 마음에 쏙 들어요. 새 학년이 되어 학교 갈 때 타면 좋을 것 같아요."

"좀 더 저렴한 자전거를 골라 보렴. 여기 이 자전거는 어떠니?"

에릭은 아저씨가 골라 준 자전거를 흘깃 쳐다보았어요. 그럭저럭 쓸 만해 보였어요. 그러나 아무래도 성에 차지 않았지요. 아저씨는 어깨가 축 늘어진 에릭을 보며 잠깐 동안 고민을 하는 듯했습니다. 그러더니 손뼉을 짝 마주치며 환한 표정으로 말했습니다.

"좋아, 에릭! 일단 계산을 해 보자. 넌 두 달 동안 하루에 다섯 시간씩 일주일에 닷새를 일했어. 그러니까 총 200시간 정도 일한 셈이로구나. 시간당 2달러로 잡고 계산하면……."

아저씨는 계산기를 톡톡 두드렸습니다.

"다 합해서 400달러를 네게 지급해야 하는구나."

"400달러요?"

에릭은 또 한 번 눈이 휘둥그레졌습니다. 물론 아저씨 말대로 에릭은 두 달 동안 하루에 다섯 시간씩 일주일에 닷새를 일했어요. 그러나 대부분의 시간을 도서관에서 빌려 온 책을 읽거나 아저씨의 심부름을 하며 보냈지요.

"아저씨, 400달러는 너무 많아요."

에릭은 펄쩍 뛰며 손사래를 쳤어요. 그러자 아저씨가 어깨를 으쓱 추켜올리며 말했습니다.

"아니다. 그 정도는 주려고 했는걸."

에릭이 임금에 대해 생각하고 있는 동안 아저씨는 에릭이 갖고 싶어 하는 자전거를 꺼내 왔어요. 그리고 손으로 자전거를 쓰다듬으며 말했습니다.

"정말 멋진 녀석이지. 에릭, 네가 좋은 이름을 붙여 주렴."

"그렇지만 제가 돈을 받는다고 해도 129달러나 모자라는데요. 그리고 제 저금통에 있는 돈은 54달러가 전부예요. 모두 합쳐도 75달러가 부족해요."

에릭이 실망스런 표정으로 말했습니다.

"그래. 아직 해결해야 할 문제가 남아 있구나."

아저씨는 턱을 문지르며 생각에 잠기더니 이내 말을 꺼냈어요.

"75달러는 조금씩 나누어서 천천히 갚으려무나."

아저씨는 얼떨떨한 표정으로 자전거 앞에 서 있는 에릭의 등을 다정하게 두드렸습니다.

"아니에요. 지금 당장 사겠다는 게 아니고……."

"에릭, 네가 방학 동안 열심히 일한 선물이라고 생각하렴."

에릭은 주인아저씨가 부추기는 바람에 엉겁결에 새 자전거를 타고 집으로 향했습니다. 예전에 쓰던 자전거는 다리가 시큰거릴 만큼 힘껏 페달을 밟아야 했어요. 그러면 삐걱삐걱 듣기 싫은 소리를 내며 힘겹게 굴러갔지요. 그러나 새 자전거는 힘주어 페달을 밟지 않아도 바퀴가 스르르 굴러갔습니다. 에릭은 특히 자전거 안장이 마음에 들었어요. 가죽이 씌워진 고급스런 안장은 정말이지 근사했습니다. 하지만 왠지 마음 한구석이 찜찜하고 불편했어요. 마치 양치질을 하지 않고 잠자리에 들었을 때처럼 개운하지가 않았습니다.

그날 저녁, 에릭은 책상 서랍에서 일기장을 꺼냈지만 연필 끄트머리를 자근자근 깨물며 한참을 고민할 뿐 한동안 아무 말도 적지 못했어요.

일기장 위에 날개를 단 마시멜로가 날아와 앉아 있었습니다.

 **에릭의 마시멜로 일기장**

맙소사! 내가 오늘 무슨 일을 저지른 거야?
난 오늘 마시멜로를 한입에 몽땅 털어
넣은 꼴이 아닌가!
하지만 내가 두 달 동안 열심히 일했으니까
그 정도는 가져도 되지 않을까?
하지만 54달러는 엄마 생일 선물을 사려고
모아 두었던 돈인데 어처구니없게 자전거에
몽땅 쏟아 붓고 말았어.

게다가 남은 돈은 무슨 수로 갚지?
이제 곧 개학인데, 내게 또 아르바이트가
생길까?
엄마는 내가 아르바이트하는 걸 별로
좋아하지 않으시는데. 휴!

여섯 번째 마시멜로

퀴즈로 풀어 가는
꿈의 마시멜로

실바람이 한 줄기 불어 인터넷을 하고 있는 에릭의 코앞까지 살며시 다가왔어요. 단풍잎 하나가 휙 창밖으로 떨어졌어요. 붉게 물든 단풍이 참 고왔어요.

에릭은 자전거를 타고 밖으로 나왔습니다. 가을 햇볕이 에릭의 자전거 바퀴 아래서 잘게 부서졌어요. 뜨거운 여름이 물러가고 어느새 거리에는 가을이 찾아와 있었습니다. 따르릉! 경쾌한 경적 소리에 놀란 비둘기 한 마리가 푸드득 하늘로 날아올랐습니다.

"컹컹!"

그때 귓가에 반가운 소리가 들려왔어요. 저쪽에서 래시가 꼬리를 흔들며 달려왔습니다.

"래시!"

에릭은 자진거에서 내려 래시에게 뛰어갔습니다. 에릭의 품에 안긴 래시는 컹컹 커다란 소리로 짖어 댔어요. 그러다가 분홍색 혀를 내밀며 헉헉 숨을 몰아쉬었어요.

"에릭, 정말 오랜만이로구나. 그동안 잘 지냈느냐?"

조나단 할아버지가 다가와 웃음 띤 얼굴로 인사를 건넸습니다.

"예! 할아버지도 안녕하셨어요?"

에릭도 활짝 웃으며 인사했습니다. 꼬박 일 년 만의 만남이었지요. 작년 여름, 조나단은 다친 다리가 다 낫자 래시를 데리고 사업차 장기간 여행을 떠났어요. 그리고 얼마 뒤 에릭네 집은 같은 구역에 있는 좀 더 넓은 집으로 이사를 했습니다. 그래서 에릭과 조나단은 오랫동안 만나지 못했지요.

"정말 몰라보게 키가 자랐구나, 에릭!"

코흘리개 꼬마였던 에릭은 그새 의젓한 소년으로 성장해 있었어요. 키도 한 뼘이나 자랐고 몸무게도 많이 늘었으니까요.

조나단은 에릭의 자전거를 보고 감탄하며 말했습니다.

"자전거를 새로 장만했구나. 오호, 정말 근사한걸. 나도 에릭 너만 했을 때 이런 자전거가 몹시 갖고 싶었지."

에릭은 이상하게도 조나단의 말이 달갑지가 않았어요. 오히려 잘못을 하다 들킨 어린아이처럼 마음속으로 뜨끔했습니다.

"에릭, 시간 있으면 우리 집에 가지 않겠니?"

조나단의 제안에 에릭은 반갑게 대답했습니다.

"좋아요, 할아버지."

조나단의 응접실은 예전과 다름없었어요. 공기는 훈훈했고 향긋한 커피 냄새가 났습니다. 조나단은 에릭에게 고소한 호두 쿠키를 대접했어요. 래시는 예전처럼 에릭의 발등 위에 배를 깔고 엎드린 채 꾸벅꾸벅 졸았습니다.

"에릭, 그동안 어떻게 지냈는지 궁금하구나. 내게 자세히 얘기해 주겠니?"

조나단이 커피 잔을 내려놓으며 말했어요.

"할아버지께서 여행을 떠나신 뒤 엄마와 저는 새 집으로 이사를 했어요. 엄마는 지난번 일하던 식당보다 좀 더 근무하기 편한 곳으로 직장을 옮겼어요. 이젠 주말에는 일을 하지 않아도 돼요. 그리고 우리 집에 식구가 한 명 늘었어요. 전 그 애한테 팀이라는 이름을 붙어 주었지요. 팀은 아주 귀여운 도마뱀이에요. 제 방 창가에 있는 커다란 유리 상자에서 살아요. 팀은 주로 파리나 작은 곤충을 잡아먹지만 저는 팀한테 지렁이로 만든 사료

를 먹이지요."

에릭은 그동안 있었던 일들을 하나하나 친절하게 이야기했어요. 그러나 정작 에릭의 마음은 편치 않았습니다. 조나단 할아버지를 만나는 순간 마시멜로 이야기가 떠올랐고, 마치 돌멩이가 들어 있는 듯 마음이 무거워졌어요. 조나단은 그런 에릭의 표정을 놓치지 않았습니다.

"에릭, 무슨 걱정이라도 있는 것이냐? 표정이 안 좋구나."

조나단이 궁금한 듯 다짜고짜 묻자 에릭이 소스라치게 놀라며 고개를 저었습니다.

"아, 아니에요. 그런 것 없어요. 다만……."

에릭은 조나단에게 자전거에 대해서 이야기할까 말까 망설이다가 그만두었어요. 어쩐지 썩 내키지 않았지요.

에릭은 아무 말 없이 앉아 있었어요. 에릭을 물끄러미 바라보던 조나단이 말을 꺼냈습니다.

"에릭, 이제 곧 여름 방학이 끝나면 한 학년 올라가겠구나. 축하한다. 이제 또 마시멜로 법칙을 잘 적용해야 하겠구나."

"네. 그동안 잘해 왔으니까 더 열심히 할 거예요."

"환경이 바뀌게 되면 우리는 편안하고 몸에 밴 생활 습관으로 돌아가기가 쉽단다. 그럴 때는 자신을 뒤돌아보며 마음을 새롭게 다져야만 해. 마음이란 상하기 쉬운 장마철 음식과 같아서 자기도 모르는 사이에 변해 버리게 되거든."

에릭은 조나단이 들려주는 이야기의 숨은 뜻을 어렴풋이 짐작할 수 있었습니다.

"그러니 우리는 예전의 나로 돌아가려고 할 때 얼른 자신을 바로잡아야 한단다."

조나단은 서재로 가서 하얀 봉투를 하나 가져왔어요. 그러고는 봉투를 건네며 말했습니다.

"에릭, 만약 '마시멜로의 힘'이 떨어진다고 느낄 때 이 봉투를 열어 보렴. 네가 지금 당장 봉투를 열어 보는 일이 없었으면 좋겠구나."

조나단의 집에서 나온 에릭은 자전거를 타고 집으로 향했지만 조금도 즐겁지 않았어요. 즐겁기는커녕 마음이 비에 흠뻑 젖은 솜처럼 천근만근 무거웠습니다.

'아저씨가 준다고 529달러짜리 자전거를 덥석 받아 오다니, 내가 잠깐 어떻게 됐었나 봐. 눈앞의 마시멜로를 먹어 치우지 말아야 한다는 것을 왜 까맣게 잊었을까? 하지만 난 여름 방학 내내 열심히 일했는걸. 아저씨를 도와서 자전거에 쌓인 먼지도 털고 바닥도 쓸고 닦았지. 그러니까 마시멜로를 먹을 자격이 충분히 있는 게 아닐까?"

에릭은 모퉁이를 돌기 위해 자전거의 속력을 늦추었습니다.

'내가 정말 과거로 돌아가고 있는 걸까? 이 자전거가 나쁜 습관일까?'

에릭은 생각에 골몰한 나머지 맞은편에서 책을 읽으며 걸어오고 있는 같은 학교에 다니는 제니퍼를 미처 발견하지 못했어요. 제니퍼를 피하기 위해 급히 핸들을 꺾는 바람에 중심을 잃고서 그만 바닥에 나동그라지고 말았습니다.

"어머, 에릭!"

제니퍼가 한달음에 달려왔어요. 볼썽사나운 꼴로 넘어져 있던 에릭은 제니퍼의 부축을 받으며 일어났어요. 끙 신음 소리가 저절로 나왔습니다.

"이런, 피 좀 봐. 무릎이 까졌어."

제니퍼가 놀라서 소리쳤어요. 그러나 에릭은 무릎에 난 생채기 따위는 안중에도 없었어요. 바닥에 쓰러져 있는 자전거가 망가지진 않았는지부터 이리저리 살펴보았습니다. 다행히도 망가진 데는 없는 것 같았어요. 에릭은 자전거를 일으켜 세우고 난 뒤 자기 옆에서 어쩔 줄 몰라 하고 있는 제니퍼를 안심시켰습니다.

"괜찮아, 제니퍼. 나도 자전거도 아무렇지 않아. 근데 어디 갔다 오는 길이니?"

"응, 여름 방학 동안 우리 가게에서 아르바이트를 하고 있는 중이거든."

제니퍼가 여전히 걱정스런 표정으로 대답했어요. 제니퍼의 부모님은 시내에서 햄버거 가게를 하고 있었어요. 에릭은 자전거를 가로수에 기대어 놓은 다음 바구니에 들어 있던 물건들을 주섬주섬 주웠어요. 공책과 책 서너 권이 바닥 여기저기에 흩어져 있었습니다.

제니퍼가 물건 챙기는 것을 도와주었습니다.

"에릭, 여기 있어."

"고마워, 제니퍼. 그럼 개학 날 보자. 안녕!"

에릭은 제니퍼에게 인사를 한 뒤 자전거에 올라타고 집으로 돌아왔습니다.

새 단장을 마친 가을 해님이 상쾌한 얼굴로 세상을 훤히 비추고 있었습니다.

에릭은 몸을 뒤척이다가 침대에서 벌떡 일어나 아래층으로 내려갔어요. 엄마는 어제저녁 늦게야 직장에서 돌아왔습니다. 아마 지금쯤 곤히 주무시고 계실 거예요. 조용히 계단을 내려가던 에릭은 벽시계를 보고 깜짝 놀랐어요. 벌써 11시가 넘어 있었어요. 늦잠을 자고만 거예요.

"맙소사, 11시잖아! 오늘은 일 년치의 학용품을 미리 사다가 학교에 보관해야 하고 도서관에 들려 책도 반납해야 하는데……."

에릭은 사실 마시멜로 법칙을 지키면서부터 늦잠을 자지 않았어요. 일찍 자고 일찍 일어나는 습관을 들였거든요. 어제저녁에는 책을 읽다가 평소보다 늦게 잠자리에 들었지요. 그러나 아무리 그렇더라도 좀 심하다는 자책감이 들었습니다.

'이것도 조나단 할아버지가 말한 다시 나쁜 버릇으로 돌아가는 것일까?'

에릭은 서둘러 세수를 하고 책상 앞에 앉았습니다. 그러고는 컴퓨터를 켰어요. 학교에서 보내온 메일이나 친구들의 소식이 궁금했어요. 그리고 미리 받아서 작성해 놓은 학생 신상 카드와 건강 기록부 등 학교에 제출해야 할 서류를 준비해야 했거든요. 또 방학 동안 만나지 못한 친구들과 대화할 수 있는 메신저를 하고 싶었지요.

에릭은 먼저 이메일을 확인했어요. 조나단 할아버지의 이메일이 두 개나 도착해 있었습니다. 순간 에릭은 걱정이 앞섰습니다.

며칠 전 조나단이 '마시멜로의 힘'이 떨어진다고 생각될 때 열어 보라고 한 하얀 봉투를 그만 잃어버렸던 거예요. 분명히 책갈피에 잘 꽂아 두었는데 온데간데없었어요. 어디서 잃어버렸는지 짐작조차 가지 않았어요.

'조나단 할아버지 말대로 내가 정말 어려움에 부딪힌 걸까?'

에릭은 깊게 심호흡을 한 다음 이메일을 읽기 시작했습니다.

친애하는 에릭에게

에릭, 너는 마음도 몸도 일 년 사이 몰라볼 정도로 많이 자랐더구나.
훌쩍 커 버린 너를 보며 일 년 전에 네게 처음 마시멜로 이야기를 들려주던 때가 생각났단다.
너는 눈동자를 반짝반짝 빛내며 내 이야기에 귀를 기울였지.
네 친구들이 너를 촌뜨기라고 놀린다고 했지만,
그때 나는 네가 훌륭하게 성장하리란 것을 알 수 있었단다.
자, 이제 본론으로 들어가 볼까?
에릭, 우리가 사는 세상은 좋은 일도 있고 험난하기도 하지만
늘 새로운 모험이 기다리는 여행길과도 같단다.
우리는 인생이라는 여행을 하면서 수많은 변화를 겪지.
학교를 다니고 사람들을 만나고 이별을 하면서 말이야.
우리가 만나는 변화는 슬픈 것일 수도 있고 기쁘고 즐거운 것일 수도 있어.
그러나 무엇이든 간에 변화의 시기는 항상 위험하단다.
그동안 잘 지켜오던 원칙이 흔들릴 수 있기 때문이야.
에릭, 너는 지금까지 마시멜로 법칙을 잘 지켜 왔을 거야.

하지만 변화의 시기에는 새로운 다짐이 필요한 법이란다.
일 년 전에 내가 들려준 이야기들 속에서 네 스스로 답을 찾아냈듯
이 질문들 속에서 답을 찾아내 보아라.
넌 십자말풀이 선수니까 이 수수께끼들 역시 문제없이 풀어낼 수 있을 거야.
이것은 시험이 아니란다.
그러니 제한 시간은 없고, 또 어쩌면 정답이 없을지도 몰라.
모든 것은 에릭 너 자신에게 달려 있단다.
에릭, 네가 옳다고 생각하는 것은 과감하게 행동해라.
때론 어려운 일이라고 할지라도 '아자' 하고 크게 한 번 소리친 다음 깊은 한숨을 내쉬려무나.
그리고 이제 시작하렴! 바로 지금 말이야!

애정을 담아서
조나단

에릭은 두 번째 편지읽기에 마우스를 눌렀습니다.

두 번째 편지에는 조나단이 '성공 퀴즈'라고 이름 붙인 질문들이 쓰여 있었어요.

성공 퀴즈

1. 해야 할 일과 하고 싶은 일 중에 어느 쪽을 먼저 택하겠는가?
2. 행복한 일이 생긴다면 먼저 누구에게 전화하겠는가? 불행한 일이 생길 경우에는?
3. 여행할 때 머릿속에 있는 한 군데 목적지가 중요할까, 트렁크에 든 백 장의 지도가 중요할까?
4. 두려운 일이 생기면 피해야 하나, 도전을 해야 하나?
5. 굳게 믿는 마음과 행동 중 무엇이 더 중요할까?
6. 마시멜로의 길에서 갑자기 방향을 바꾸었다면 가장 큰 실수는 무엇일까?

성공 퀴즈를 다 읽은 에릭은 홀로 사막에 던져진 듯 막막하기만 했습니다.

'조나단 할아버지는 정말로 내가 이 퀴즈를 문제없이 풀어낼 거라고 생각하신 걸까?'

에릭은 우선 조나단 할아버지가 보내온 이메일을 종이에 출력했습니다.

모처럼 단잠을 즐긴 엄마가 느지막하게 일어나 기지개를 켜며 에릭의 방으로 올 때까지 에릭은 책상 앞에 앉아서 질문지를 읽고 또 읽으며 끙끙거리고 있었습니다.

'천천히 생각하자. 하나씩 차근차근 말이야. 오늘 당장 풀어야 할 퀴즈도 아닌걸.'

"에릭! 개학 날에 가져갈 준비물은 가까운 문방구에서 구입할 거지?"

"아니에요. 대형 문구 전문 마트에 가서 사려고요."

"거긴 너무 멀지 않니?"

"아니요. 마시멜로 소년의 법칙! 뭔가를 팔 때는 비싼 가격으로, 살 때는 가장 싼 가격으로 사는 습관을 가져야 한다."

"아이고, 알았다. 그럼 이 돈으로 사도록 하렴. 방학 동안 아르바이트한 것은 저축하도록 해."

순간 에릭은 바늘로 어딘가를 콕콕 찔리는 기분이었습니다.

에릭은 아침을 먹은 후에 서둘러 옷을 갈아입었어요. 그러고 나서 오늘까지 도서관에 반납해야 할 책들을 가방에 넣었지요. 그런데 책상 위에 놓아둔 조나단의 편지가 눈에 들어왔어요. 그중에서 특히 마지막 질문에 눈길이 갔습니다.

(마시멜로의 길에서 갑자기 방향을 바꾸었다면 가장 큰 실수는 무엇일까?)

에릭은 질문 아래에다 검정색 볼펜으로 다짐하듯 꾹꾹 눌러썼어요.

(정말 나는 실수를 한 걸까? 아니야. 아르바이트를 해서 해결할 수 있어.)

에릭은 출력한 두 장의 편지를 차곡차곡 접어서 가방 속에 집어넣었어요. 그러면서 답을 모두 찾아낼 때까지 편지를 가지고 다녀야겠다고 마음먹었어요. 그리고 뒷마당으로 가서 자전거를 한참동안이나 쳐다보았어요. 자전거는 변함없이 너무나도 근사했습니다.

대형 문구 전문 마트에는 예쁜 필기도구들이 얼마나 많은지 에릭은 정신없이 이것저것 구경을 했습니다. 예전에는 노랑과 빨강의 대표색만 있던 사인펜이 살구색, 회색, 하늘색 등 중간색까지 있어서 화려했습니다. 연필 깎는 칼도 예비용 칼날까지 들어 있어서 잃어버리지만 않으면 몇 년은 쓸 수 있을 것 같았어요.

어디 그뿐인가요? 이게 정말 연습장이야 싶을 만큼 하얀 종이에 예쁜 그림들이 앙증맞게 그려져 있었지요. 에릭은 이것저것 다 사고 싶었지만 달콤한 마시멜로 유혹을 꾹 참고 수첩에 적어 간 준비물만 샀습니다. 그래서인지 엄마가 준 돈이 아직 많이 남아 있었습니다.

에릭은 새 학기에 쓸 새 학용품을 준비하자 큰일을 한 것처럼 가슴이 뿌듯했습니다. 그리고 동네 문방구보다 대형 문구 전문 마트에서 적은 돈으로 일 년 넘게 쓸 수 있는 학용품을 마련했다는 생각에 절로 행복해졌습니다. 그러나 그것도 잠시, 책상 앞에 앉아 연습장에 엄마가 주는 용돈을 가지고 몇 번이나 계산을 해 봐도 개학 후에 아르바이트를 하지 않는 한 75달러를 갚을 수 없을 것 같았어요. 문득 자신이 계획도 없이 자전거를 사 버린 행동에 대해 화가 났어요.

'계획을 세우고 목표를 이루어야 했는데. 그렇다면 자전거를 산 목표는 무엇이었을까?'

에릭은 생각할수록 머릿속이 더욱더 복잡했습니다.

'어쩌다 모든 게 엉망이 돼 버린 걸까? 어떡하다 이 지경까지 와 버린 거지?'

머릿속 생각들이 풀리지 않는 실타래처럼 뒤엉켜 있었습니다.

에릭은 성공 퀴즈의 세 번째 퀴즈를 한참 동안이나 들여다보았습니다.

(여행할 때 머릿속에 있는 한 군데 목적지가 중요할까, 트렁크에 든 백 장의 지도가 중요할까?)

에릭은 곰곰이 생각했습니다.

'낯선 길을 떠날 때는 물론 지도가 중요하지. 그러나 지도에만 의지해서 따라가다 보면 지도에 표시된 길에만 집중하지 않을까? 그것보다 중요한 것은 목적지인데 말이야. 목적지가 확실하면 가는 과정에 무엇을 거치든 어떤 경험을 하든 그런 것들은 그다지 중요하지 않아. 그렇다면 나도 다시 마음속으로 목표를 정하자. 목적지를 알아야 도착할 수 있어.'

에릭은 이런저런 생각을 하다 보니 어딘가에 분명히 해결할 수 있는 방법이 있을 것만 같았어요. 에릭은 일기장을 꺼내 놓고 한참을 바라보고 앉아 있었습니다.

에릭의 마시멜로 일기장

역시 똑같은 물건을 가장 싼 가격으로 산다는 것은 행복한 일이다. 그런데 남은 자전거 값은 어떻게 갚지? 내일은 꼭 벼룩 신문을 뽑아다가 도서관에 가서 훑어봐야지. 운이 아주 좋으면 아르바이트를 구할 수 있을지도 몰라.

용돈을 벌 수 있는 방법에는 무엇이 있을까?

1. 엄마 구두 닦기
2. 강아지 돌보기
3. 신문 배달
4. 집 안 청소하기
5. 채소밭 잡초 뽑기

내일은 학교에서 아르바이트 자리를 구해 보자.

일곱 번째 마시멜로

두려움에 맞서는
용기의 마시멜로

○

가끔 빗방울도 몇 방울 뿌리다가 언제 그랬냐는 듯 금세 말끔한 모습을 보이는 변덕스런 가을이 찾아오고, 어김없이 학교에 갈 개학 날이 되었습니다.

"에릭! 학교에 내야 할 준비물은 잘 챙겼지?"

출근하려고 집을 나서던 엄마가 물었습니다.

"그럼요. 다 준비했어요."

"그런 것은 엄마가 해 줘야 하는데……. 아들, 미안!"

"별말씀을요."

"엄마 먼저 나간다."

엄마가 나가자 에릭은 미리 챙겨 놓은 학교에 내야 할 준비물을 가방에 넣었습니다. 학생 신상카드, 병원에서 받아 온 건강기록부, 학교 사진 신청서, 학교 교칙을 지키겠다는 확인서, 학교에서 학생이 그린 그림이나 글을 학교가 사용할 수 있다는 승인서, 주소록에 주소를 넣을 것인지 아닌지 확인서, 학교에 일 년에 40시간 이상 자원 봉사를 하겠다는 확인서, 학교 급식 신청서, 학교 교복용 셔츠 신청서, 학용품 등등.

준비해야 할 학용품에는 깎은 연필 몇 자루, 지우개 몇 개, 크레용, 줄이 굵은 노트, 사인펜, 굵기 볼펜도 들어 있었습니다.

여름 방학이 끝나면서 새 학년으로 올라가는 에릭은 더 의젓해진 기분이었습니다. 따르릉! 경쾌한 경적 소리에 놀란 새 한 마리가 푸드득 하늘로 날아올랐습니다.

"어이, 에릭! 이봐, 마시멜로 소년!"

멀리서 친구 제닝스가 인사를 하며 지나갔어요. 에릭도 반갑게 손을 흔들어 주었어요.

에릭이 학교 교문을 들어서니 벌써 운동장에서는 아이들의 기운 찬 목소리가 들려왔어요.

새 자전거를 타고 에릭이 들어서자 친구들이 모두 부러운 눈빛으로 바라봤습니다.

"에릭, 자전거 근사한데!"

"진짜 끝내 준다, 에릭!"

에릭은 하늘로 날아갈 듯 기분이 좋았어요. 반 아이들 중에서 에릭만큼 좋은 자전거를 갖고 있는 친구는 없었어요. 제닝스의 자전거가 최신형이긴 했지만 에릭의 자전거에 비하면 어림없었지요. 선선한 바람이 땀에 젖은 이마를 스치고 지나갔어요.

'자전거 정말 맘에 들어. 아마도 내가 지금껏 가져 본 것 중에서 제일 좋은 물건일 거야.'

교무실 앞에는 벌써부터 안내판에 있는 학급 편성표를 보기 위해 아이들이 모여 있었어요.

학급 편성표는 개학 이삼 일 전에 붙여지는데, 미리 보고 간 아이들은 벌써 자기 반을 찾아가 친구들과 웃고 떠들고 있었습니다.

에릭도 수업 시간 시작종이 울리기 전에 교실로 들어갔습니다. 제닝스와 같은 반이었지요.

새 학기에는 특별한 행사 없이 개학 첫날부터 오전 수업을 시작했습니다. 아직 여행에서 돌아오지 않은 학생들이 많은지 새 학년 첫날인데도 결석한 친구들이 많았어요.

수업이 끝나고 아이들은 서로의 신상카드를 보며 이야기를 나누고 있었습니다.

제닝스가 옆으로 다가오면서 말했습니다.

"에릭, 네 신상카드 좀 보여 줘."

에릭은 신상카드를 제닝스에게 내밀었습니다.

에릭의 신상카드

- 이름 : 에릭
- 나이 : 12살
- 별명 : 마시멜로 소년
- 성격 : 스스로 지식인임을 확신하며, 천성적으로 밝고 활발함. 문학적 재질을 타고났으며 용기 있고 감성적인 성격.
- 고민 : 자전거 값, 주근깨
- 가족 사항 : 엄마(아빠는 4살 때 돌아가심), 도마뱀 팀, 그리고 가족은 아니지만 내가 사랑하는 조나단 할아버지가 있음.

친한 친구 : 학교 친구 제닝스

여자 친구 : 아직은 없음.

취미 : 지식인답게 독서를 무척 좋아함.

나를 감동시킨 책들

알퐁스 도데 - 〈별〉〈마지막 수업〉
기 드 모파상 - 〈목걸이〉
오 헨리 - 〈마지막 잎새〉〈크리스마스 선물〉
에드거 앨런 포 - 〈검은 고양이〉
톨스토이 - 〈바보 이반〉

장래 희망 : 동물들을 돌봐 주는 수의사, 또는 고민을
상담해 주는 카운셀러

신상카드를 보던 제닝스가 에릭에게 말했습니다.

"마시멜로 소년, 멋지다. 근데 너, 햄버거 산다는 약속을 잊진 않았겠지?"

"어? 그럼……."

"언제 살 거야?"

"너희들 시간 날 때 이야기해."

수업이 끝나고 도서관에 가는 길에 에릭은 구인 광고가 실린 벼룩 신문을 몇 장 챙겼습니다. 그리고 책을 반납한 후 열람실에 앉아서 신문을 꼼꼼히 훑어보았어요. 그때 눈에 띄는 아르바이트 자리가 하나 있었습니다.

책을 읽어 주는 아르바이트

'이런 아르바이트도 있나?'

에릭은 잠시 두려운 생각이 들어 한참을 망설이고 있었습니다. 그때 조나단 할아버지가 준 성공 퀴즈가 떠올랐습니다. 에릭은 수첩을 꺼냈습니다. 그리고 네 번째 성공 퀴즈를 보았습니다.

(두려운 일이 생기면 피해야 하나, 도전을 해야 하나?)

"두려움은 두려움일 뿐 한번 도전해 보자."

에릭은 용기를 내어 전화를 걸었습니다.

"안녕하세요? 책 읽어 주는 아르바이트가 있다고 해서 전화했습니다."

"난 윌리엄이라고 한단다. 지금 올 수 있겠니?"

"네, 알겠습니다."

전화기에서 나이가 지긋한 남자의 목소리가 들려왔습니다.

윌리엄의 집은 에릭의 집에서 그리 멀지 않았습니다.

에릭이 찾아갔을 때 윌리엄은 커다란 안락의자에 앉아서 창밖을 바라보고 있었어요.

"안녕하세요? 윌리엄 할아버지, 저는 에릭이라고 합니다."

에릭은 예의 바르게 인사했습니다. 그러나 윌리엄은 별말 없이 에릭을 쓱 쳐다봤을 뿐 무뚝뚝한 얼굴이었습니다.

"일주일에 서너 번쯤 우리 집에 와서 내게 책을 읽어 줄 수 있겠니? 나는 독서를 무척 좋아하지만 요즘에는 두통 때문에 통 책을 읽을 수가 없단다. 내 주치의가 나보고 되도록 독서를 멀리해야 한다고 하는구나. 하지만 내게 독서를 하지 않는 삶이란 견딜 수 없이 지루한 생활이란다. 내 손자들은 책 읽는 것을 좋아하지 않으니 마땅히 부탁할 사람이 없구나. 물론 내 부탁을 들어준다면 적절한 보수를 지급할 생각이다."

"네, 할 수 있습니다."

"그럼 책장에서 톨스토이의 〈사람은 무엇으로 사는가〉를 꺼내 오너라. 책은 두 번째 칸 중간에 꽂혀 있다."

에릭은 까치발을 하고 책장에서 책을 꺼냈습니다. 그리고 책상 맞은편에 놓인 둥근 의자에 앉았어요. 윌리엄이 등받이에 등을 기댄 채 지그시 눈을 감으며 말했습니다.

"첫 장부터 시작하렴. 서두르지 말고 천천히 읽어야 한다."

에릭은 큰 소리로 책을 읽기 시작했어요. 그러나 책 읽기는 이내 중단되었어요. 윌리엄이 감았던 눈을 반쯤 뜨고서 조금 더 낮은 목소리로 말했습니다.

"에릭, 소리 내어 읽기 전에 먼저 그 문장을 완전히 이해하고 있어야 한다. 그렇지 않으면 듣는 사람에게 뜻이 제대로 전달되지 않아. 지금 네 목소리는 그냥 소음일 뿐이야."

에릭은 머릿속으로 문장들을 주의 깊게 읽어 보았습니다. 그런 다음 문장에 담긴 의미를 이해하려고 애쓰며 책을 읽어 나갔어요. 그러나 책 읽기는 또다시 중단되고 말았어요. 윌리엄이 이마를 살

짝 찌푸리며 말했습니다.

"에릭, 그렇게 읽다가는 숨이 차서 다음 장을 읽지도 못할 거야. 쉼표와 마침표를 구분할 줄 모르는 게냐? 또 단락과 단락을 구분 지어 읽어야 한다는 걸 모르는 게냐?"

에릭은 얼굴이 새빨갛게 달아올랐지만 침착함을 잃지 않았어요. 그리고 쉼표와 마침표, 단락과 단락, 물음표와 느낌표 하나하나에 주의를 기울이며 천천히 큰 소리로 책을 읽었어요. 그제야 윌리엄은 만족스런 표정을 지으며 안락의자에 깊숙이 몸을 파묻었습니다.

책 읽기는 한 시간 남짓 계속되었어요. 에릭은 처음 30분 동안은 책 읽기가 너무나도 힘들었어요. 그러나 30분쯤 지나자 점점 책 속에 빠져들기 시작했습니다.

"됐다. 이제 그만 하자꾸나. 내일 이 시간에 다시 오도록 해라."

에릭은 읽던 부분에다 책갈피를 끼워 넣은 뒤 책을 제자리에 꽂아 놓았어요. 그러자 윌리엄이 하얀 봉투를 내밀었습니다.

"수고했다, 에릭."

"고맙습니다."

에릭은 봉투를 손에 꼭 쥐고서 서재를 나왔습니다. 그리고 화려한 샹들리에가 달린 응접실을 지나 현관을 나왔어요. 마침내 작은 분수가 있는 정원을 지나서 커다란 대문 앞에 도착했습니다. 에릭은 대문 앞에서 잠시 머뭇거려야만 했습니다. 대문이 굳게 잠긴 채 열리지 않았던 것이에요. 그러나 이내 삐 요란한 소리가 나더니 철커덕 대문이 열렸습니다. 에릭은 밖으로 나오자마자 봉투를 열어 보았어요. 봉투 속에는 무려 15달러나 들어 있었습니다.

'15달러씩 열 번이면 150달러, 스무 번이면 300달러잖아. 자전거 값은 물론이고 이러다 금방 부자가 되는 것은 아닐까? 할아버지가 조금 두렵고 무섭긴 하지만 괜찮아. 난 잘할 수 있어.'

에릭은 자전거를 타고 집으로 가는 대신 다시 학교로 갔습니다. 그리고 도서관에 가서 톨스토이의 〈사람은 무엇으로 사는가〉를 빌렸습니다. 집에 돌아온 에릭은 아까 읽었던 부분은 물론이고 그 다음까지 미리 여러 번 연습을 하면서 읽어 두었습니다. 예전에 조나단 할아버지에게 들었던 농구 선수인 래리 버드처럼…….

다음 날은 전날보다 준비를 한 탓인지 책 읽기가 훨씬 수월했어요. 윌리엄도 별말 없이 에릭의 목소리에 귀를 기울였어요. 한 시간 뒤 윌리엄은 어제와 마찬가지로 하얀 봉투를 내밀었습니다.

"내일은 오지 마라. 내가 시내에서 볼 일이 좀 있거든. 그러니 여기에 네 전화번호를 적어 놓고 가렴. 내가 필요하면 네게 전화하마."

에릭은 예의 바르게 인사한 뒤 봉투를 받아 가지고 서재를 나왔습니다. 그리고 어제처럼 넓고 넓은 응접실을 지나 현관을 빠져 나왔습니다. 그러나 여러 날이 지났지만 윌리엄에게서는 전화가 오지 않았습니다. 휴! 에릭은 한숨이 저절로 나왔습니다.

'왜 이렇게 두려운 걸까? 혹시 윌리엄 할아버지가 나에게 실망한 걸까?'

 에릭의 마시멜로 일기장

- 엄마가 준 용돈 7달러 (수입)
- 윌리엄 할아버지한테 받은 30달러 (수입)
- 도마뱀 팀의 밥값 1달러 (지출)

두려움을 피하지 말고 용감히 맞서자!

윌리엄 할아버지에게서 다시 연락이
오지 않으면 다른 아르바이트를
찾아보면 되지.
맞서지 않고 피해 간다면 두려움에
벌벌 떨게 될지도 모른다.
그래, 언제나 부딪혀 보는 거야.
용기를 내자.

아자!!!

여덟 번째 마시멜로

서로 배우고 채워 가는
우정의 마시멜로

맑고 상쾌한 공기가 창가로 살며시 고개를 내미는 일요일 아침이었습니다.

"에릭! 아무리 휴일이라고 해도 이제 그만 일어나야지? 희망에 넘치는 하루가 펼쳐져 있단다."

엄마의 말에도 에릭은 꼼짝않고 침대에 누워 있었어요. 사실은 훨씬 일찍 잠에서 깼습니다.

"에릭! 일찍 자고 일찍 일어나는 것이야말로 좋은 습관이라고 네가 말했잖아."

"엄마! 저 벌써 일어나 있었어요."

침실에서 나온 에릭은 우선 방을 깨끗이 청소하고 부엌으로 갔습니다.

"에릭! 오늘 뭐 할 거니?"

"그냥 집에 있을 생각이에요."

"그럼 엄마 없는 동안에 거실 유리창을 좀 닦아 주지 않겠니?

내가 1달러 주마. 하지만 잘 닦아야 하는 거 알지?"

"물론이에요, 엄마."

"에릭, 어린아이가 돈을 너무 좋아하는 거 아니니?"

"계획과 목표가 있기 때문이에요."

엄마가 시장에 간 뒤 에릭은 거실의 유리창을 닦기 시작했습니다. 먼저 비누칠을 하고 젖은 수건으로 닦은 다음, 이어서 마른걸레질을 하자 마음이 그렇게 개운할 수가 없었어요. 평소에는 잘 몰랐는데 유리창을 닦다 보니 먼지가 많이 끼어 있었습니다.

청소를 끝내고 나서 말갛게 투명해진 유리창을 통해 바깥을 내다보니 예전과는 너무나 다르지 뭐예요. 가을 하늘은 더욱 파랗고 높았으며, 또 공원의 나무들이 성큼 다가온 것처럼 느껴졌던 것입니다. 에릭은 문득 유리창을 닦듯이 자신의 마음도 깨끗하게 닦을 수 있다면 좋을 것 같다는 생각을 했습니다. 그리고 따뜻한 가을 햇살 아래서 뽀송뽀송하게 말린 다음에 손끝으로 한 번 쓱 문지르면 뽀드득 하고 마음이 깨끗해질 것 같았습니다.

그때 따르릉 전화벨이 울렸습니다. 친구 제닝스였습니다.

"야, 에릭! 어떻게 된 거야? 우리 지금 햄버거 가게에 모여 있어. 네가 오늘 한턱내기로 한 걸 잊지는 않았겠지?"

아차! 약속을 깜빡 잊고 있었어요. 에릭은 손바닥으로 이마를 찰싹 때렸어요.

"미안, 지금 바로 갈게. 어린이 세트 다섯 개 먼저 주문해 놔."

에릭은 서둘러 집을 나섰어요. 방학하기 전에 자신을 도와준 친구들에게 답례를 하기 위해 마련한 자리였습니다.

에릭은 시내를 향해 자전거 페달을 밟으면서도 걱정이 많았어요. 요즘 주머니 사정이 썩 좋지 않기 때문이었지요. 그러나 자신을 위해 애써 준 친구들이다 보니 모른 척 넘어갈 순 없었어요. 문득 친구들 앞에서 한턱내겠다고 한껏 폼을 잡은 자신이 너무나도 한심하게 느껴졌습니다. 75달러나 빚을 지고 있으면서……. 게다가 어쩌면 윌리엄에게 책 읽어 주는 아르바이트도 그만두게 될지도 모르는 상황이었습니다.

식당에 도착하자 유리창 안으로 친구들의 모습이 보였어요. 친구들은 웃고 떠들며 햄버거를 맛있게 먹고 있었습니다.

잠시 후, 친구들이 햄버거를 다 먹고 우르르 식당을 빠져나간 뒤에 에릭은 혼자 카운터로 갔습니다. 그러고는 지갑을 열고 가지고 온 17달러 중에 15달러를 꺼냈습니다.

아저씨가 계산서를 들여다보며 말했습니다.

"모두 합해서 20달러란다, 에릭."

"네? 왜, 왜요? 어린이 세트가 다섯 개면 15달러 아닌가요?"

에릭은 어찌나 놀라고 당황했는지 말까지 더듬었어요.

"어린이 세트 네 개에다 더블 햄버거 세트 하나란다. 네 친구 한 명이 더블 햄버거 세트를 주문했단다."

아저씨가 볼펜 끄트머리로 톡톡 카운터를 두드리자 에릭은 등줄기로 식은땀이 흘러내렸습니다.

'어떡하지? 지금 내가 가진 돈은 17달러가 전부인데…….'

에릭은 애처로운 시선으로 유리창 너머 식당 밖을 바라보았어요. 그러나 친구들의 모습은 보이지 않았어요. 벌써 앞서거니 뒤서거니 공원 쪽으로 몰려가 버렸던 거예요.

에릭은 17달러를 카운터에 올려놓았어요. 그리고 카운터 너머로 몸을 기울인 채 들릴락 말락 한 목소리로 속삭이듯 말했어요.

"저, 아저씨. 3달러는 나중에 가져다 드리면 안 될까요?"

아저씨는 인상을 찌푸리며 에릭을 내려다보았어요. 에릭은 귓

불이 빨갛게 달아올랐어요. 정말이지 쥐구멍에라도 들어가고 싶은 심정이었지요. 쥐구멍에 틀어박힌 채 영영 나오고 싶지 않았어요. 그때 귀에 익은 목소리가 들렸습니다.

"아빠, 여기 3달러요. 내가 에릭 대신 낼게요."

언제 왔는지 같은 학교에 다니는 제니퍼가 카운터 옆에 서 있었습니다.

아저씨는 의아한 눈빛으로 제니퍼를 쳐다보더니 가볍게 한숨을 내쉬었어요. 그리고 3달러를 집는 대신 몸을 앞쪽으로 기울여 에릭의 눈을 똑바로 쳐다보며 말했습니다.

"에릭, 친구들한테 인심을 쓰는 것도 좋지만 다음부터는 먼저 음식 값부터 확인하렴. 그리고 3달러는 나중에 우리 제니퍼에게 갚아라."

에릭은 어찌나 부끄러운지 고맙다는 말조차 제대로 하지 못하고 고개를 푹 수그린 채 식당을 빠져나왔어요. 창피하기도 했지만 자기 자신한테 몹시 화가 났습니다.

"에릭, 잠깐만 기다려 봐."

그때, 부드러운 제니퍼의 목소리가 에릭을 불러 세웠습니다.

"제니퍼, 오늘 정말 고마웠어. 3달러는 나중에 꼭 갚을게."

에릭이 잔뜩 풀 죽은 목소리로 나지막하게 말했습니다.

"돈 때문이 아니야. 저기 바쁘지 않으면 나랑 얘기 좀 하지 않을래?"

제니퍼가 상냥한 목소리로 말했어요. 에릭은 마지못해 슬그머니 고개를 들어 제니퍼를 쳐다보았습니다.

"에릭, 요즘 무슨 문제라도 있는 거야?"

제니퍼가 걱정스러운 듯 물었어요. 신경이 몹시 날카로워진 에릭은 퉁명스럽게 대꾸했습니다.

"아무 문제 없어. 그냥 음식 값을 제대로 계산하지 못한 것뿐이야."

제니퍼는 뚫어져라 에릭의 얼굴만 쳐다보았어요. 그러고는 똑같은 질문을 다시

서로 배우고 채워 가는 우정의 마시멜로 141

했어요.

"에릭, 정말 아무 일도 없는 거야?"

자신의 마음을 꿰뚫어 보는 것 같은 제니퍼의 시선에 에릭은 깜짝 놀랐어요. 그리고 자기도 모르게 긴 한숨을 내쉬며 속마음을 내뱉어 버리고 말았습니다.

"그래, 네 말이 맞아. 모든 게 엉망이야. 마시멜로를 다 날려 버렸어."

제니퍼는 에릭을 근처에 있는 벤치로 데리고 갔습니다.

"에릭, 무슨 얘기야? 자세하게 얘기 좀 해 봐."

에릭은 제니퍼에게 모든 것을 털어놓았어요. 월급 대신 529달러짜리 자전거를 받게 된 얘기부터 시작했지요. 400달러는 아르바이트로 받은 돈을 모두 사용했고, 54달러는 그동안 모아 놓은 돈을 썼고, 남은 75달러는 고스란히 빚이란 것도 말했습니다. 그러면서도 어리석게 친구들한테 한턱내겠다고 한껏 폼을 잡았다고 솔직하게 마음을 드러냈습니다. 그리고 어찌 된 일인지 아르바이트를 할 수 있는 윌리엄 할아버지에게서 연락이 오지 않는다는 말도 했습니다.

제니퍼는 묵묵히 이야기를 듣고 있었습니다. 에릭은 이야기를 하는 내내 부끄럽기도 했지만, 한편으로는 이상하게도 마음이 편해졌어요. 속이 다 후련했어요. 아슬아슬한 줄타기를 하다가 땅에 내려선 기분이었습니다. 에릭에게는 자신의 이야기를 들어줄 누군가가 필요했던 거예요. 그러나 자존심 때문에 누구에게도 말하지 못하고 있었지요. 이야기가 끝나자 제니퍼가 길가에 세워 놓은 자전거를 가리키며 조용히 물었습니다.

"저 자전거가 529달러란 말이야?"

에릭은 대답 대신 고개만 끄덕였습니다.

제니퍼는 한동안 아무 말이 없었어요. 에릭은 머릿속이 텅 빈 듯한 기분으로 우두커니 앉아 있었습니다.

"너 여기서 잠깐만 기다려."

제니퍼는 에릭을 벤치에 내버려 두고 식당 안으로 사라졌어요. 잠시 후, 제니퍼는 가방을 들고 나왔어요. 그러고는 가방에서 손바닥만 한 수첩을 꺼내 에릭에게 건네주며 말했어요. 에릭이 늘 몸에 지니고 다니는 것과 비슷한 크기의 수첩이었습니다.

"아무 쪽이나 수첩을 펼쳐 봐."

수첩을 펼친 에릭은 놀라지 않을 수 없었어요. 래리 버드 이야기와 호르헤 포사다의 이야기, 그리고 스탠퍼드 대학에서 이루어진 마시멜로 실험 이야기, 또 아룬 간디의 이야기 등등 에릭이 기회가 될 때마다 친구들에게 들려주었던 이야기들이 빠짐없이 적혀 있었어요. 그리고 모든 일에서 달콤한 성공을 거둘 수 있는 마시멜로 계획 또한 단정한 글씨로 쓰여 있었어요. 너무 놀란 나머지 말을 잇지 못하는 에릭 대신 제니퍼가 차분하게 말했습니다.

"나는 누구보다 네 말을 믿었고 또 귀담아들었어. 그러면서 너처럼 마시멜로 법칙을 지키면서 생활하려고 애썼지. 덕분에 성적도 많이 오르고 책도 많이 읽었어. 난 이제까지 내 꿈과 목표를 향해 한 발 한 발 착실히 걸어가고 있어. 이 모든 게 다 에릭, 네 덕분이야."

제니퍼는 말을 멈추고 한참 동안 에릭을 바라보았습니다.

"너는 나의 마시멜로 영웅이야."

제니퍼의 말에 에릭은 마음이 쿵! 하고 내려앉았습니다.

"난 지금 마시멜로 궤도를 벗어났나 봐."

"그걸 안다면 다시 시작하면 되지 않을까? 잘 생각해 봐. 분명

좋은 방법이 있을 거야."

"고마워, 제니퍼! 어디서부터 잘못된 건지 바로잡아야 겠어."

"좋아. 나도 기대 할게. 그럼 학교에서 보자."

제니퍼는 가방을 들고 일어나더니 가게 안으로 사라졌어요. 제니퍼의 뒷모습을 보면서 에릭은 뭔가 특별한 마음의 움직임을 느꼈어요. 마치 가슴 밑바닥에서 아지랑이가 모락모락 올라오는 것 같았어요. 괜히 콩당콩당 가슴이 뛰고 있었습니다.

'네가 있어서 정말 기쁘다.'

그러나 에릭은 그 말을 차마 입 밖으로 내지 못했습니다. 오래 전부터 마음속에 담아 두었던 여자 친구가 바로 제니퍼 아닌가 하는 생각이 들었습니다. 제니퍼와 함께 더 많이 배우고, 더 채워 갈 수 있었을 것 같았거든요. 새삼 비밀을 함께 나눌 수 있는 친구가 있다는 게 얼마나 행복한 일인지 에릭은 깨달았어요. 제니퍼는 에릭을 알아주고 허물없이 지낼 수 있는 멋진 여자 친구가 되어 줄 것 같았습니다.

그날 밤, 에릭은 책상 앞에 앉아서 어둠이 내린 창밖을 바라보

앉아요. 칠흑 같은 어둠 속에서 멀리 북극성이 보였어요. 길 잃은 나그네들을 안내하는 고마운 별 북극성. 인생에도 그런 별이 존재한다는 것을 에릭은 오늘 깨달았어요. 그리고 조나단의 '성공 퀴즈'에 또 다른 답을 적기 위해 수첩을 펼쳤어요.

두 번째 성공 퀴즈!!!(행복한 일이 생긴다면 먼저 누구에게 전화하겠는가? 불행한 일이 생길 경우에는?) (제니퍼요. 엄마요. 조나단요.)

수첩에 그렇게 적고 나자 에릭은 자신이 무척 행복한 사람이라고 느껴졌어요. 따끔하면서도 진심 어린 충고를 아끼지 않으며 자신을 정말로 아껴 주는 사람들이 있었으니까요.

월요일 오후, 에릭은 어느 때보다 더 풀이 죽어 있었습니다. 여전히 윌리엄에게서는 연락이 오지 않았기 때문이지요. 제니퍼에게 빌린 3달러를 빼고 모아 둔 돈은 고작해야 23달러가 전부였습니다. 아르바이트를 하고 번 돈과 지난주 엄마한테 다시 받은 용돈 7달러를 합한 돈이었습니다.

'어떻게 메우지?'

에릭은 끙끙 머리카락을 움켜쥐고 고민하다가 조나단을 떠올렸습니다. 지난번 우연히 조나단과 마주쳤을 때 조나단은 래시와 함께 있었습니다. 아마 지금도 변함없이 하루에 한 시간씩 래시를 데리고 산책을 할 것이었어요.

'그렇다면 예전처럼 래시를 산책시킬 순 없을까? 당분간만이라도 그렇게 할 수 있다면 얼마쯤 돈을 모을 수 있을 텐데…….'

에릭은 가벼운 마음으로 조나단을 찾아갈 수 없었어요. 예전에 조나단이 마시멜로의 힘이 떨어져 갈 때 열어 보라면서 건네준 하얀 봉투가 없었기 때문이었습니다.

'도대체 어떡하다 그 소중한 봉투를 잃어버린 걸까? 바로 이럴 때 열어 보라고 주신 봉투였을 텐데 말이야. 왜 이렇게 난 바보 같을까?'

에릭은 오래오래 생각을 하다가 결국 조나단을 만나 보기로 마음먹었습니다.

에릭이 조나단을 방문했을 때, 조나단은 운동복 차림이었고 래시는 목줄을 한 채 혀를 길게 늘어뜨리고 있었어요. 아마도 공원에서 방금 돌아온 듯했어요. 래시는 꼬리를 흔들며 다가와 에릭의 손등에 코를 문질렀어요. 조나단 역시 에릭을 반갑게 맞아주었습니다.

"에릭, 어쩐지 얼굴이 까칠해진 것 같구나. 혹시 성공 퀴즈 때문에 고민하느라 그런 거니?"

"아니에요. 하지만 성공 퀴즈는 너무 어려워요. 신문에 실린 십자말풀이를 푸는 것보다 오백 배쯤 힘든 것 같아요."

에릭의 푸념 섞인 말에 조나단은 빙그레 미소를 지었어요. 에릭은 망설이고 있었습니다.

'조나단 할아버지에게 부탁을 해도 될까? 예전처럼 할아버지가 다리를 다치신 것도 아닌데, 그런 부탁을 하는 게 염치없는 행동은 아닐까?'

얼마나 시간이 지났을까? 에릭은 조심스럽게 말을 꺼냈어요. 그러나 새로 산 자전거 이야기는 하지 않았어요. 다만 용돈이 좀 필요하다는 말과 함께 예전처럼 자기가 래시를 산책시키면 안 되겠냐고 물었어요. 에릭의 이야기가 끝나자 조나단은 대답 대신 수첩에서 빛바랜 종이 한 장을 꺼내 에릭에게 건넸습니다. 에릭의 눈에도 익숙한 바로 가젤 이야기가 담긴 쪽지였어요. 에릭은 말없이 쪽지에 쓰인 글귀를 읽었어요. 에릭의 수첩에도 쓰여 있는 글귀였지만 그 글들은 언제 읽어도 진한 감동을 주었습니다.

"에릭, 이 이야기 뒤에 또 다른 이야기가 있다는 사실을 혹시 알고 있니?"

"네? 다른 이야기가 또 있나요? 쪽지에는 쓰여 있지 않은데요."

"영화나 드라마는 어느 한 지점에서 이야기가 끝나고 화면이 멈추지만 우리의 인생은 그렇지 않단다. 그 뒤에도 끊임없이 계속되지. 부지런한 가젤과 사자의 삶도 마찬가지야. 따라서 당연히 이후의 이야기가 존재한단다. 아프리카에서는 여전히 매일 아침 가젤이 잠에서 깬단다. 사자에게 잡아먹히지 않기 위해 해가 뜨면 열심히 달리던 가젤은 어느 날, 자신의 빠른 다리가 사자쯤은 문제없이 앞지를 수 있다는 것을 알게 되었어. 또 배를 채우기 위해 해가 뜨면 열심히 달리며 가젤을 쫓던 사자는 어느 날, 자신이 사냥을 하지 않아도 다른 암사자들이 사냥해 온 것만으로도 충분히 살아갈 수 있다는 것을 알게 된 거지. 그렇게 자신의 실력을 믿고 방심하던 가젤은 처음 사냥에 나서 죽을힘을 발휘한 어느 사자에게 잡아먹히고 말았단다. 그리고 남이 사

냥해 온 것만 먹으며 나태해졌던 사자는 무리에서 버림을 받아 굶어 죽고 말았지. 네가 사자든 가젤이든 마찬가지다. 해가 떠오르면 무조건 달려야 한다. 우리가 죽을 바로 그 순간까지!"

조나단의 이야기를 듣고 난 에릭은 아무 말도 하지 못했어요. 에릭은 조나단이 왜 자신에게 이 이야기를 들려주는지 잘 알고 있었어요. 그동안 자신을 믿어 준 조나단에게 한편으로는 부끄럽고, 또 한편으로는 미안한 마음이 들었습니다.

"미안하지만 나는 네 부탁을 들어줄 수 없구나. 에릭, 누군가에게 의지하기보다는 스스로의 힘을 믿고 어려움에 당당히 맞서 보렴."

조나단의 말에 에릭은 말없이 고개를 끄덕였어요. 열어 놓은 창문으로 스산한 바람이 불어왔어요. 가을이 깊어 가고 있었습니다.

에릭은 집으로 돌아오는 동안 내내 자신을 꾸짖었습니다.

'스스로의 힘으로 해결할 생각은 하지 않고 무턱대고 조나단을 찾아가다니……'

에릭은 자신이 너무나 한심하고 어리석게 느껴졌어요. 무엇보다 조나단에게 실망감을 안겨 준 것 같아서 견딜 수 없이 화가 났습니다.

집에 돌아온 에릭은 다시 윌리엄의 집으로 전화를 걸었습니다. 그러나 전화를 받는 사람이 없었습니다.

그날 밤, 에릭은 중대한 결심을 했어요. 그리고 일기를 쓰기 시작했습니다.

에릭의 마시멜로 일기장

비싼 자전거를 산 것은 분명 마시멜로를 통째로 먹어 치운 거야. 엄마 혼자서 힘들게 돈을 벌고 계신데, 집안이 어려운 것도 잊고 욕심을 부린 거다.
난 비싸고 멋진 자전거로 친구들에게 잘난 아이라는 걸 뽐내고 싶었던 거야.

여섯 번째 성공 퀴즈!!!
마시멜로의 길에서 갑자기 방향을 바꾸었다면 가장 큰 실수는 무엇일까?

분수를 모르고 비싼 자전거를 사 버린 것이다.
결국 나는 마시멜로를 몽땅 먹어 버렸다.

아홉 번째 마시멜로

절망의 끝에 매달려 있는
희망의 마시멜로

아주 중대한 결심을 내린 에릭의 얼굴은 환해졌고, 다시 똑똑하고 영리한 마시멜로 소년처럼 보였습니다. 자전거를 주인에게 돌려주기로 마음먹었던 거예요. 물론 쓰던 자전거를 제 값을 받고 팔 순 없었지요. 그러나 워낙 멋지고 대단한 자전거니까 조금 싸게 살 사람이 분명 있을 것 같았습니다.

엄마가 평소보다 일찍 퇴근해서 집으로 온 날, 에릭은 엄마에게 새 자전거에 대해 모두 털어놓았습니다. 그리고 자전거를 주인에게 돌려주겠다고 말했어요. 엄마는 조금 놀라긴 했지만 에릭을 꾸짖지 않았어요. 안쓰러운 듯이 에릭의 뺨을 톡톡 두드리며 다정스럽게 말했습니다.

"에릭, 자전거 때문에 마음고생을 많이 했구나. 자전거를 돌려줄 필요는 없단다. 그냥 타도록 하렴. 자전거 값은 엄마가 줄 테니 말이야."

그러나 에릭은 단호하게 고개를 저었습니다.

"아니에요, 엄마. 그냥 돌려줄래요. 그 자전거는 내게 던져진 유혹의 마시멜로였어요. 난 어리석게도 마시멜로를 먹어 치우고만 거예요."

다음 날, 에릭은 자전거를 끌고 자전거 주인에게 찾아갔습니다. 주인아저씨와 에릭은 자전거를 가운데 두고 한참 동안이나 실랑이를 벌였습니다. 아저씨는 돈을 갚지 않아도 된다면서 자전거를 그냥 타라고 했습니다. 하지만 에릭은 한사코 고집을 꺾지 않았습니다.

"아끼느라고 몇 번 타지도 않았어요. 딱 한 번 넘어지긴 했지만 조금도 고장 나지 않았어요."

"오, 맙소사! 에릭, 팔리지 않기 때문에 가져가라는 소리가 아니야. 이렇게 좋은 자전거는 흔한 게 아니란다. 지금이라도 사 갈 사람은 얼마든지 있어. 그래서 그런 게 아니라……."

아저씨는 손바닥으로 얼굴을 한 번 쓸어내린 다음 계속해서 말했습니다.

"이건 성실하고 착한 너한테 내가 주는 선물이라고 했잖아."

"아저씨, 정말 감사합니다. 그러나 지금 제게는 집에 있는 헌 자전거로도 충분한걸요. 그리고 엄마가 저를 위해서 얼마나 힘들게 일을 하시는데요. 마음은 고맙지만 사양하겠습니다."

아저씨는 지쳤다는 듯이 두 손을 번쩍 들었습니다.

"알겠다. 에릭, 내가 졌다. 좋을 대로 하려무나."

에릭은 자전거 가게를 나오기 전에 자신이 타고 온 자전거를 어깨 너머로 슬쩍 바라보았어요. 그러면서 나중에 커서 어른이 되면 그때는 반드시 자신이 번 돈으로 자전거를 사러 오겠다고 마음먹었습니다.

제니퍼와 만나기로 한 약속 장소로 가는 에릭의 발걸음은 하늘을 나는 것처럼 가벼웠어요. 모든 것이 끝났다 싶을 때 맨처음 자리로 돌아가 다시 발견한 희망과도 같았어요. 절망의 끝에 매달려 있는 희망의 마시멜로를 다시 발견한 기분이었습니다.

에릭은 15분 정도 일찍 약속 장소에 도착했어요. 그런데 이미 제니퍼가 약속 장소에 와 있었어요.

"안녕? 제니퍼, 잘 지냈니?"

에릭은 쾌활하게 인사를 건넸습니다.

"응, 너도 잘 지냈지?"

에릭과 제니퍼는 기다란 나무의자에 앉았습니다.

"제니퍼, 고마워. 네 덕분에 많은 걸 깨달았어."

에릭은 제니퍼에게 그동안 있었던 일을 빠짐없이 모두 이야기했어요. 도움을 청하기 위해 조나단을 만났던 일, 그리고 자전거를 돌려준 일까지 털어놓았지요. 그러자 제니퍼가 물었습니다.

"아쉽지 않았니? 네 자전거 말이야."

"아니! 자전거 값을 치르지 못한 부담감에서 벗어나서 얼마나 후련한지 몰라. 생각해 보니까 그것에 매달려 도무지 아무것도 할 수가 없지 뭐야. 덕분에 공부도 책을 읽는 것도 못 했는걸. 그리고 아르바이트가 사라질까 봐 얼마나 두려웠는데. 근데 지금은 너무 편하고 행복해."

제니퍼가 활짝 웃었어요. 그리고 가방에서 봉투를 꺼내 에릭에게 주었습니다.

"참, 에릭! 여기 네게 줄 것이 있어."

봉투를 건네받은 에릭은 깜짝 놀랐어요. 그 봉투는 예전에 조나단이 '마시멜로의 힘'이 떨어질 때 열어 보라며 에릭에게 준 봉투였습니다.

"제니퍼, 이 봉투를 대체 어디서 찾은 거야? 그리고 이걸 왜 네가 갖고 있는 거니?"

"솔직히 나도 잘 모르겠어. 내가 읽던 책갈피 속에 끼워져 있었

절망의 끝에 매달려 있는 희망의 마시멜로

어. 아마도 지난번 너하고 길모퉁이에서 부딪힌 날, 네 책하고 내 책이 서로 바뀐 것 같아. 나는 그때 빅토르 위고의 〈가난한 사람들〉을 읽고 있었거든. 혹시 너도 같은 책을 읽고 있었니?"

그제야 에릭은 어떻게 된 일인지 짐작이 갔습니다.

에릭의 자전거 바구니 속에도 같은 책이 들어 있었어요. 그러니까 그때 에릭의 책과 제니퍼의 책이 뒤바뀐 것이 분명했어요.

"봉투에 네 이름이 쓰여 있었어."

에릭은 봉투를 열어 보았어요. 봉투 속에는 짤막한 글귀가 쓰인 종이가 들어 있었어요.

한 걸음만 더 걸어라. 성공은 바로 한 걸음 앞에 있다.

에릭의 입에서 가벼운 한숨이 새어 나왔습니다.

'그래, 맞아. 성공은 언제나 한 걸음 앞에 있었어. 딱 한 걸음 앞에 말이야."

에릭은 종이를 제니퍼에게도 보여 주었어요.

제니퍼와 에릭은 이런저런 이야기를 나누었습니다. 제니퍼는 자신의 꿈과 소망을 에릭에게 털어놓았어요. 제니퍼는 나중에 커서 작가가 되고 싶다고 했어요. 그래서 지금 열심히 책을 읽고 있으며 가끔 습작을 한다고 했습니다.

"제니퍼, 너는 틀림없이 훌륭한 작가가 될 수 있을 거야."

"너는 에릭? 너는 커서 뭐가 되고 싶어?"

에릭 역시 제니퍼에게 자신의 장래 희망을 말해 주었어요.

"나는 커서 아픈 동물들을 돌봐 주는 수의사가 될 거야. 내 방 책상 위에는 도마뱀 한 마리가 살고 있어. 올 크리스마스가 지나면 식구가 한 명 더 늘 거야. 엄마가 크리스마스 선물로 햄스터를 사 주신다고 했거든. 그리고 할 수만 있다면 사람들의 고민을 상담해 주는 카운셀러로도 일하고 싶어."

"에릭, 너는 분명히 좋은 상담가가 될 거야. 수의사 상담가, 정말 멋지다."

제니퍼는 에릭을 따뜻하게 격려해 주었습니다. 둘은 가끔씩 만나서 서로의 미시멜로 계획을 점검해 주기로 했어요. 에릭과 제니퍼는 둘 다 열심히 생활할 것을 손가락 걸고 약속했습니다.

집으로 돌아오는 길에 에릭의 마음은 어느 때보다 즐겁고 행복했어요. 마음을 나눌 수 있는 친구가 있다는 게 너무나도 좋았습니다.

　책상 앞에 있는 도마뱀 팀은 요즘 나날이 뚱뚱해지고 있었어요. 그럴 수밖에 없는 것이 지금 새끼를 뱄으니까요. 에릭은 어떻게 해서 팀의 뱃속에 새끼 도마뱀이 들어가게 되었는지 진지하게 생각하고 있었습니다.

 에릭의 마시멜로 일기장

나에게도 멋진 여자 친구가 생겼다.
그녀의 이름은 제니퍼!!!
제니퍼는 예쁘고 똑똑하다. 분명 우리는 오래오래
좋은 친구가 될 것이다. 영원히 말이다.
우아, 내게도 여자 친구가 있다니! 아마 제닝스가
무척 부러워 할 게 분명해.

성공 퀴즈 첫 번째!!!

꿈을 위해 해야 할 일과 하고 싶은 일
중에 어느 쪽을 먼저 택하겠는가?

꿈을 이루기 위해서는 하고 싶은 재미있는 오락보다는
학생이 해야 할 일인 숙제를 먼저 해야 한다.

열 번째 마시멜로

행복으로 이끄는 성공의 마시멜로

에릭은 조나단 할아버지를 위해 크리스마스 선물로 산 넥타이를 들고 집을 나섰습니다. 거리에는 북쪽에서 불어오는 찬바람이 나무의 잔가지들을 마구 흔들었고, 마른 풀잎들은 미처 질 새도 없이 얼어붙어 눈꽃으로 새롭게 피어나 있었습니다.

에릭은 크리스마스 때나 만날 수 있는 루돌프 사슴처럼 빨간 코를 하고는 조나단 할아버지에게 달려갔어요. 좋은 생각, 좋은 목표를 마음에 담고 가는 길이라 그런지 마냥 신이 났습니다.

"어서 와라, 에릭."

"안녕하셨어요?"

다정하게 에릭을 맞이하는 조나단 옆에서 래시가 꼬리를 흔들며 반가운 듯 컹컹 커다란 소리로 짖어 댔습니다.

"날씨가 춥구나. 어서 들어가자."

조나단의 응접실 창문에는 따뜻한 느낌이 드는 격자무늬 커튼이 달려 있었어요. 군데군데 빛이 바랜 낡은 커튼이었지만 먼지

하나 없이 깨끗했어요. 그리고 차가운 바람을 잘 막아 주었지요. 응접실의 공기는 조나단 할아버지처럼 훈훈했습니다. 그리고 공기 속에서 향긋한 마른 풀 냄새가 났어요. 조나단은 에릭에게 따뜻한 우유와 고소한 마시멜로 쿠키를 대접했어요.

래시는 벌써 에릭의 발등 위에 배를 깔고 엎드린 채 꾸벅꾸벅 졸고 있었습니다.

조나단이 빙그레 웃으며 말했습니다.

"에릭, 얼굴이 아주 밝아졌구나."

"다 할아버지께서 주신 성공 퀴즈 덕분이에요."

에릭이 나지막하지만 또박또박한 말투로 말했어요. 에릭의 차분한 목소리에는 진심으로 감사해하는 마음이 담겨 있었어요. 조나단은 그런 에릭을 흐뭇한 마음으로 바라보았습니다.

"이건 제가 아르바이트를 해서 산 크리스마스 선물이에요. 또 퀴즈를 보내 주셔서 정말 감사합니다. 덕분에 질문과 대답뿐만 아니라 모든 것에 대해 많이 생각하게 되었어요. 내가 무엇을 잘못했는지, 무엇 때문에 두려워하는지, 왜 공부를 해야 하는지, 그리고 어떻게 살아야 하는지 진지하게 고민하면서 비록 무참히 넘어지기도 했지만 일어서기 위해 열심히 노력했어요."

"내 선물까지? 정말 고맙구나. 잘 받으마."

조나단 할아버지는 너무나도 기뻐하는 얼굴로 이야기를 계속했습니다.

"난 네가 충분히 잘하리라고 믿었단다. 문득 널 처음 만났을 때가 생각나는구나. 처음 네가 우리 집에 왔을 때, 난 네가 성격이 활달하고 모험적이면서 용기 있고 유머가 넘치는 소년이라고 생각했단다. 내게 미소를 짓게 했거든. 네 친구들이 널 아무리 촌뜨기라고 놀려도 그것을 잘 이겨 낼 거라고 믿었어."

"정말요?"

"그럼, 믿고말고."

"사실 그땐 숙제도 안 하고 공부 시간에도 딴생각을 하는 경우가 많았는걸요. 이번 일만 해도 다시 옛날 버릇으로 돌아가고 말았으니……. 정말 죄송해요."

"죄송할 거 없다. 잠시 너에게 길잡이가 필요했던 거야. 물론 네가 도움을 청하지 않았지만 말이야. 난 다만 널 바른 방향으로 살짝 이끌어 주고 싶어서 성공 퀴즈를 보낸 거야."

에릭은 조나단 할아버지가 너무나 좋았습니다. 에릭은 좋아하는 마음을 표현하기라고 하듯 가뜩이나 커다란 눈동자를 상하 좌우로 빙글빙글 돌리더니 활짝 핀 꽃잎처럼 입을 크게 벌리고는 할아버지를 바라보며 다시 말했습니다.

"할아버지를 만난 것이 정말 꿈만 같아요. 저에게는 최고의 행운이에요."

"나도 네가 곁에 있어서 무척 좋단다."

조나단 할아버지는 차를 마시며 인자하게 웃으셨습니다.

"사실 저는 잘하고 있다고 생각했었어요. 그동안 마시멜로 법칙을 잘 지키면서 성적도 좋아졌고 아르바이트를 해서 저금도 많이 했었는데 그만……"

"근데 왜 한꺼번에 마시멜로를 먹어 치운 거니?"

조나단 할아버지가 웃으며 말했습니다.

"꾹 참고 먹지 말았어야 했는데 성급하게 먹어 치웠지 뭐예요. 사실 비싼 자전거를 살 때는 마시멜로를 몇 개쯤 먹을 자격이 있다고 생각했어요. 난 잘하고 있었으니까요. 그런데 한두 개만 먹었어도 괜찮았을 텐데 한꺼번에 너무 많이 먹어 버렸어요. 그리고 그것에 매달려 모든 게 엉망이 되고 말았던 거예요."

"누구나 사람들은 실수를 한단다. 어른인 나도 마찬가지야. 하지만 실수를 인정하는 사람은 별로 없지. 다행히 네 주변에는 좋은 사람들이 많아서 실수를 인정하게 도와주고, 실수를 딛고 일어설 수 있도록 거들어 주었던 것이지. 실수를 두려워하면 아무런 발전도 전진도 없단다. 그러나 여기서 꼭 기억해야 할 일은 똑같은 실수를 두 번 반복하지 말아야 한다는 거야."

조나단 할아버지는 입가에 미소를 가득 머금은 채 이야기하고 있었어요.

"언제나 틀렸다고 생각될 때 처음부터 다시 시작하는 것은 뒤돌아가는 것이 아니야. 늦어지는 것 같지만 사실은 바르게 가는 것이고, 바르게 가는 것이 곧 지름길이란다."

조나단 할아버지의 아침 햇살 같은 이야기가 에릭의 마음속에 쏙 들어왔어요.

"이것은 제가 새롭게 정리한 마시멜로 규칙이에요. 성공 퀴즈를 풀어 가면서 제가 정리한 것입니다. 읽어 보시고 어떤지 말씀해 주세요."

에릭은 다섯 가지 마시멜로 규칙을 적은 종이를 조나단에게 건넸습니다.

조나단 할아버지가 하나하나 읽기 시작했어요.

새해 다섯 가지 마시멜로 규칙

1. 좋아하는 일을 좋아하는 사람과 함께한다.
2. 좋은 습관이 일생을 좌우하므로 주변 사람의 좋은 습관을 자기의 것으로 만든다.
3. 1달러의 가치를 소중히 하며 늘 '1달러로 무엇을 할까' 생각한다.
4. 자신이 행운아라고 긍정적으로 생각한다.
5. 때가 올 때까지 참고 기다린다.

에릭은 조나단 할아버지가 새해 마시멜로의 규칙을 읽고 있는 동안 가슴이 두근거렸어요.

"아주 좋구나. 훌륭해. 벌써부터 기대가 되는걸?"

에릭은 그제야 안도의 한숨을 내쉬었어요. 할아버지는 기특하다는 듯 에릭을 바라보며 싱글벙글 웃고 있었어요.

"성공 퀴즈를 풀고 이렇게 다섯 가지 새해 규칙을 정하고 나니까 정말 즐거웠어요. 목표를 세우는 습관을 되찾고 다시 열심히 마시멜로 소년이 되어 보겠습니다."

조나단 할아버지는 감격스런 얼굴로 말했어요.

"기대하마. 난 네가 단순한 꿈을 넘어 '꿈 너머 꿈'에까지 이르기를 바란단다."

에릭이 조나단 할아버지의 집을 나오려고 할 때였습니다.

"에릭! 네가 온다고 해서 나도 너에게 크리스마스 선물을 준비했단다."

"네?"

"이리 와 봐라. 저 밖에 준비해 놓았거든."

조나단 할아버지와 함께 에릭이 밖으로 나왔을 때, 에릭은 깜짝 놀라 그만 그 자리에 수서앉이 버릴 뻔했습니다. 그곳에는 에릭이 자전거 주인에게 돌려주었던 바로 그 자전거가 딱 버티고 서 있었습니다. 에릭은 가슴이 너무나 벅차고 감격해서 아무 말도 못한

채 눈물만 뚝뚝 흘렸습니다.

"할아버지!"

"눈물이 날 만큼 그렇게 좋으니? 하하, 마시멜로 유혹을 참는다면 이런 기쁨을 맛볼 수 있는 거란다. 에릭! 즐겁고 행복한 크리스마스가 되길 바란다."

조나단 할아버지는 사랑이 가득한 목소리로 말씀하셨습니다.

자전거를 타고 집으로 돌아오는 에릭의 얼굴에는 웃음이 그칠 줄 몰랐습니다.

쉬는 시간을 이용해서 에릭은 도서관에 갔습니다.

"안녕하세요? 헬렌 아줌마."

에릭은 도서관 반납 창구에 책을 내려놓으며 다정스런 목소리로 인사를 건넸어요.

"안녕, 에릭! 이 책을 벌써 다 읽은 거니?"

도서관 사서인 헬렌은 에릭을 기특하다는 표정으로 쳐다보며 말했습니다.

"네, 어젯밤에 다 읽었어요. 아줌마 말처럼 정말 너무너무 재미

있었어요."

에릭이 대답에 헬렌은 빙그레 웃으며 말했습니다.

"정말 부지런하구나, 에릭. 그런데 오늘은 또 어떤 책을 빌려 갈 생각이니?"

"일요일에 읽고 싶은 책이 있어요. 경제에 대한 책이요."

"그래? 그럼 저쪽 왼쪽 끝으로 가 보렴. 그곳에 네가 읽을만 한 책들이 진열되어 있단다."

"고맙습니다."

에릭이 도서관에서 여러 권의 책을 빌려서 나올 때였습니다.

"에릭!"

큰 소리로 이름을 부른 뒤 방긋 웃는 제니퍼의 미소가 빗방울처럼 싱그러웠어요.

"어, 제니퍼! 수업 다 끝난 거니?"

"아니! 아직 한 시간 남았어. 근데 넌 가방에 바윗덩어리라도 넣은 거야? 무척 무거워 보이는데?"

"아, 이번 일요일까지 읽고 싶은 책이 있어서 도서관에서 책을 몇 권 빌렸어."

에릭이 신이 난 듯 대답했어요. 두 사람은 긴 복도를 함께 나란히 걷고 있었습니다.

"다 읽고 나서 괜찮으면 나에게도 보여 줘."

"물론이지. 조나단 할아버지가 늘 말씀하셨어. 책이야말로 세상에서 가장 훌륭한 양식이라고. 시간이 나든 안 나든 책을 손에서 놓지 말라고 당부하셨거든."

고개를 끄덕이는 제니퍼의 머리카락이 바람에 살랑살랑 흩날렸어요. 깔끔하고도 반짝반짝 윤이 났어요. 향긋한 비누 냄새가 나는 것 같았습니다.

"그럼 이따 끝나고 집에 함께 가자. 네게 보여 줄 것이 있어."

에릭의 말에 제니퍼는 좋다고 대답하고는 교실 안으로 들어갔습니다.

그때 따르릉 시작종이 울렸어요.

운동장에서 노는 시간이 끝나고 수업 시작을 알리는 종이 울리자 아이들이 와와 소리를 지르며 교실로 들어갔어요. 에릭도 한달음에 교실로 돌아와 앉았습니다.

마지막 시간은 자유 시간이었어요.

선생님이 교탁에 서서 아이들에게 한창 당부를 하고 있었어요.
"요즘 가끔 종이 총을 쏘는 친구들이 있는데 위험하니까 절대로 하면 안 돼요. 그리고 수업이 끝났는데도 집에 돌아가지 않고 빈둥빈둥 돌아다니는 멍청한 짓을 하지 말도록 해요. 알았죠?"
"예."
선생님은 어수선한 교실 안을 한 번 휙 둘러보았어요. 책을 보는 아이들이 있는가 하면, 제닝스는 비행기 모형을 만드는 데 열중하고 있었고, 또 어떤 아이는 찰흙으로 이상한 동물을 만드느라 바빴습니다.

에릭은 제니퍼에게 줄 새해 마시멜로 규칙을 적고 있었습니다.
그때 마침 따르릉 종이 울렸어요.
오늘 마지막 수업이 끝나는 것을 알리는 종이었지요.
제니퍼가 운동장을 걸어오다가 에릭의 자전거를 보고는 깜짝 놀라며 말했습니다.
"에릭! 이 자전거는?"
"조나단 할아버지가 크리스마스 선물로 주셨어. 마시멜로를 성공적으로 끝낸 선물이라고 하셨어. 이 자전거 진짜 멋있지?"

"응, 정말 좋겠다."

자전거를 타고 가기엔 콧속이 따끔따끔할 정도로 차가운 날씨였어요. 손끝과 발끝이 꽁꽁 얼어 가는 듯해서 에릭과 제니퍼는 몸을 오스스 떨었습니다.

"제니퍼, 이것!"

"뭔데?"

"네게 크리스마스 선물로 주는 책이야. 그리고 내가 정리한 마시멜로 규칙도 함께 들어있어. 조나단 할아버지가 보시고 좋다고 하셨어."

아름다운 우정으로 맺어진 제니퍼와 에릭은 어느새 거리로 나와 있었습니다.

"고마워. 그리고 새해 마시멜로 규칙을 보니까 벌써부터 힘이 나면서 새해가 밝아지는 것 같은걸?"

"제니퍼, 너도 나랑 서로 도와 가며 함께 하는 거지?"

"당연하지."

제니퍼의 흔쾌한 대답에 에릭은 어깨를 으쓱하며 웃었습니다.

"근데 다섯 가지 마시멜로 규칙을 지키려면 여간 어렵지 않겠다. 그치?"

"많이 생각한 끝에 줄이기도 하고 더하기도 해서 어렵게 결정한 거야."

에릭은 진지하게 제니퍼에게 말했습니다.

"나도 알아."

"조나단 할아버지도 말씀하셨어. 무엇을 할 때 노력하는 것도 연습을 해야 한다고 말이야. 말하자면 공부가 하기 싫어도 자꾸 책상 앞에 앉아 있는 연습을 하래. 그러면 자연스럽게 공부를 하게 된다는 거야."

"정말 그래. 나도 그런 경험이 있어."

해맑은 미소를 지닌 제니퍼가 활짝 웃으며 말했습니다.

"난 이번에는 직접 동시나 동화를 써 보려고 해."

"정말? 넌 분명 좋은 작가가 될 거야. 너의 아름다운 글이 사람들의 마음을 움직일 테니까."

에릭은 제니퍼를 진심으로 응원해 주었어요. 책을 많이 읽고 솔직하면서도 생각이 깊은 제니퍼는 분명 좋은 작가가 될 것 같았으

니까요.

"진심이 담긴 네 말에 힘이 불끈 샘솟는걸. 나도 다섯 가지 마시멜로 규칙을 잘 지킬게."

"고마워, 제니퍼!"

눈이 스쳐간 거리는 제법 미끄러웠습니다.

제니퍼와 헤어져 집으로 돌아오는 에릭의 마음속에 한 걸음 앞을 내다보는 커다란 마음이 생긴 것 같아 기분이 좋았습니다.

지금껏 살아온 날들보다 더 많은 하루하루가 다가올 것이고, 또 새로운 변화가 생기겠지만 이제는 흔들리지 않을 것 같았어요.

날씨가 몹시 추웠지만 에릭은 태양이 가슴으로 뛰어든 듯이 모처럼 가슴이 뜨거웠습니다.

어떤 경우에도 꿈과 희망을 잃지 않을 것이며, 아무리 작은 것에도 감사하고 기뻐하는 마음을 잊지 않겠다고 다짐했어요.

깊은 밤, 부드러운 달빛이 에릭의 방에 스며들었어요.

책상 위에 있는 에릭의 일기장 위로 마시멜로의 천사가 날아와 앉았습니다.